Le travail soumis au jugement de l'Académie de Législation de Toulouse comprenait, sous forme d'*Appendice,* l'examen spécial et approfondi des principaux ouvrages historiques et scientifiques de M. Pardessus. Nous avons cru pouvoir supprimer cette partie dans une publication littéraire qui, du reste, et à ce point de vue, renferme l'étude et la critique de ces mêmes travaux.

VIE ET TRAVAUX

DE JEAN-MARIE PARDESSUS.

M. PARDESSUS

SA VIE ET SES ŒUVRES

PAR

HENRY ÉLOY

DOCTEUR EN DROIT, SUBSTITUT DU PROCUREUR IMPÉRIAL A LYON.

ÉTUDE A LAQUELLE L'ACADÉMIE DE LÉGISLATION DE TOULOUSE
A DÉCERNÉ UNE MÉDAILLE D'OR AU CONCOURS DE 1866.

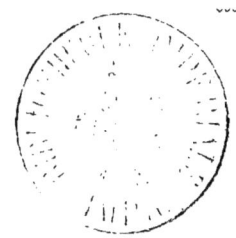

« Il travailla toute sa vie, ne se bor-
» nant pas à lire, mais étudiant comme
» un néophyte et croyant qu'un jour
» passé sans étude était un larcin fait
» à ses devoirs »

(M. LE PREMIER PRÉSIDENT TROPLONG,
Discours sur M. Dupin, 20 novembre 1865.)

PARIS

DURAND ET PEDONE-LAURIEL, LIBRAIRES-ÉDITEURS,
9, rue Cujas, 9.

1868.

OUVRAGES DU MÊME AUTEUR :

Traité de la Responsabilité des Notaires, 2 vol.
Code d'audience, 1 vol.
De la codification des lois criminelles, 1 vol.

———

Durand, éditeur, 9, rue Cujas, Paris.

A MONSIEUR

EUGÈNE DE ROZIÈRE,

INSPECTEUR GÉNÉRAL DES ARCHIVES,
VICE-PRÉSIDENT DU CONSEIL GÉNÉRAL DE LA LOZÈRE
CHEVALIER DE LA LÉGION D'HONNEUR.

Monsieur,

Ce livre vous appartient.

Le nom et la mémoire de Pardessus sont votre bien.

Le petit-fils de l'illustre auteur du *Cours de droit commercial* et de mille travaux historiques et scientifiques, — celui qu'il a initié aux principes élevés qui ont dirigé les actes de sa vie privée comme de sa vie publique, — celui qu'il a jugé digne de l'aider dans sa tâche et d'achever l'œuvre interrompue par la mort, — est le plus apte à apprécier si j'ai su comprendre et traduire exactement la haute situation du savant, du jurisconsulte, du professeur à la Faculté de droit de Paris, du conseiller à la Cour de cassation, du député, et du membre de l'Académie des Inscriptions et Belles-Lettres.

La bonne foi que j'ai apportée dans ce travail m'engage à le livrer à votre jugement.

Pardessus vous chérissait. Vous avez vécu longtemps d'une vie commune. Vous suppléerez donc facilement, par vos souvenirs personnels si précieux, aux lacunes de cette étude.

Enfin, j'ai toujours trouvé votre bienveillance prête à m'encourager dans l'œuvre que j'avais entreprise.

Vous le voyez donc, Monsieur, à tous égards cette œuvre vous appartient, et c'est autant par esprit de justice que pour satisfaire au vœu de mon cœur que je revendique l'honneur d'écrire votre nom au frontispice d'un livre que l'Académie de Législation de Toulouse a bien voulu trouver moins imparfait que je ne l'avais supposé.

H. ÉLOY.

Lyon, le 1ᵉʳ mai

La vie des hommes qui ont laissé l'empreinte de leur génie ou de leur savoir dans la noble série des œuvres de l'intelligence et de l'esprit, devrait être l'objet constant de nos préoccupations. C'est à tort, en effet, qu'on voudrait ne voir dans une telle étude qu'une succession aride de faits et de dates. En nous représentant le milieu dans lequel ces hommes ont vécu, elle nous fait assister à l'éclosion de leurs idées, aux évolutions de leur pensée; elle nous découvre le mobile de leurs actions; elle nous montre les résultats de leurs travaux et l'influence heureuse qu'ils ont eue sur les contemporains, ou qu'ils ont acquise postérieurement.

La philosophie et l'histoire fournissent tour-à-tour leur contingent, et si l'on sait faire un choix judicieux, il n'est point d'étude qui satisfasse davantage la raison, et qui puisse développer plus complètement l'exercice de nos facultés.

« Pour être un excellent critique, a dit M. Villemain[1], il faudrait pouvoir être un bon auteur. » Cette idée, juste au fond, mais qu'il n'a été permis qu'à un petit nombre d'écrivains de réaliser, serait, certes, de nature à jeter l'hésitation dans l'esprit de ceux que tenterait l'examen du rang occupé par tel homme célèbre dans les sciences, les lettres ou les arts, s'il n'était reconnu que la loyauté et la sincérité sont des mérites assez solides pour dispenser de la force de production. Il n'est donné qu'aux maîtres de former l'opinion d'autrui et d'entraîner les suffrages. Quant aux âmes studieuses, qui ne sauraient avoir la prétention de diriger les sentiments, encore moins de se comparer aux esprits d'élite dont elles retracent la vie et les œuvres, ce qui leur importe, c'est le profit évident qu'elles tirent pour elles-mêmes de cet examen ; car si l'appréciation de ces travaux augmente la somme de nos connaissances, la vie d'un homme

---

1. VILLEMAIN, *Discours sur la critique.*

de bien ne peut que nous rendre meilleurs et nous porter vers le véritable progrès, c'est-à-dire vers la perfection morale.

Celui donc qui, pénétrant respectueusement dans la vie des maîtres, cherche à comprendre leurs actions, rehausse par cela même son intelligence et y puise un sentiment plus noble et très légitime de son individualité. « Quand je considère la vie des hommes illustres, — disait Byron, reproduisant la pensée de Dante, — je grandis à mes propres yeux [1]. » — « Quand je lis l'Iliade, — s'écriait le statuaire Bouchardon, — je crois avoir vingt pieds de haut! »

Montaigne, voulant indiquer quels étaient ces grands hommes, et plaçant au premier rang Homère, Alexandre et Épaminondas, n'hésitait pas à proclamer le dernier comme « le plus excellent à son gré; » non pas qu'il eût conquis autant de gloire que beaucoup d'autres (ce n'est pas là, du reste, l'essence même de la supériorité, « une pièce de la substance de la chose »); mais parce qu'il a donné les plus nombreuses preuves de sapience et de raison, et que,

---

[1]. Silvio Pellico, *Des devoirs des hommes*, chapitre VII.

« quant à ses mœurs et conscience, il a de bien loing
» surpassé les aultres[1]. »

S'il est vrai que la supériorité ne réside pas nécessairement dans la gloire, s'il est vrai que la grandeur réelle de l'homme doive s'apprécier d'après ses mœurs et sa conscience, le savant modeste, le citoyen indépendant et fidèle dont nous allons exposer la vie et les œuvres, mérite de tenir une place honorable dans la série des caractères éminents qui sollicitent notre attention aux heures de travail et de recueillement. Aussi bien, le rôle joué par M. Pardessus, pendant près d'un demi-siècle, dans la science et dans la politique, est-il fait pour nous offrir, en même temps que le souvenir d'une période mémorable de nos annales historiques, la grande image d'une vie consacrée aux plus nobles travaux de l'intelligence.

---

1. MONTAIGNE (*Essais*, liv. II, chap. XXXVI), dont le sentiment est reproduit par PASCAL, *Pensées*, 1re partie, art. IX, 24.

PREMIÈRE PARTIE

M. PARDESSUS AVANT SA RETRAITE
(1772-1830)

CHAPITRE Ier

VIE ET TRAVAUX DE M. PARDESSUS[1]

Jeunesse de Jean-Marie Pardessus. — Situation faite à sa famille par la Révolution. Il devient défenseur officieux. Son mariage ; son veuvage ; ses enfants. — Ses succès au barreau. *Affaire Clément de Ris.* — Juge-suppléant au tribunal de Blois ; adjoint, puis maire de Blois. — Il publie son *Traité des servitudes ou services fonciers.* Membre du Corps législatif. — *Traité du contrat et des lettres de change.* — Il appelle l'attention du Corps législatif sur le *Corps de droit français* de Rondonneau, — Professeur de droit commercial à l'École de droit de Paris, — *Éléments de jurisprudence commerciale.* — Restauration ; député de Loir-et-Cher. — *Cours de droit commercial.* — Membre de la commission chargée de préparer un *Code rural.* — *Œuvres complètes du chancelier d'Aguesseau.* — Troubles à l'École de droit ; *affaire Bavoux.* — Programme d'une collection de lois maritimes. — Réélu député. — Ouverture de son cours en 1820. — Chevalier de la Légion-d'Honneur. — Conseiller à la Cour de cassation ; *M. Pardessus magistrat.* — Chargé de la *Collection des lois commerciales de l'Europe.* — Chevalier de l'ordre de Saint-Michel. — Officier de la

---

1. La *Vie politique* fait l'objet du chapitre II.

Légion-d'Honneur ; refuse le titre de comte. — Publie le premier volume de la *Collection de lois maritimes antérieures au xviiie siècle*. — Membre de l'Institut (*Académie des inscriptions et belles-lettres*). — *Mémoire sur l'origine du droit coutumier en France et sur son état jusqu'au xiiie siècle* (*Académie*). — *Mémoire sur les Assises du royaume de Jérusalem* (*Académie*). — Evènements de 1830. Démission de M. Pardessus.

I

Comme l'histoire, la science a ses dates et ses éphémérides dont l'homme studieux doit garder la mémoire.

L'année 1772 vit disparaître du monde savant le plus grand jurisconsulte des temps modernes, celui dont l'esprit inspira les législateurs de 1804 et dont l'œuvre écrite devint loi, l'illustre et modeste Pothier. En même temps que la cité d'Orléans pleurait un citoyen intègre et la magistrature un juge des plus éclairés, la science faisait une perte irréparable. L'Université d'Orléans, déjà célèbre par le professorat de Prévot de la Janès, était restée sans rivale quand le chancelier d'Aguesseau, si soucieux de l'honneur et de la dignité de l'ordre judiciaire, eût confié la chaire de droit au conseiller que ses travaux et ses vertus avaient rendu digne de son amitié.

Dans son enseignement, Pothier dégagea la science du droit de cette aridité de détails qui en rend l'étude si difficile pour les jeunes gens. Il rétablit les exercices publics que Prévot de la Janès avait créés ; par l'émulation, les conseils, d'honorables récompenses, une communication fréquente avec le professeur, il parvint à donner à cette étude un attrait inconnu jusqu'alors et inspira à ses élèves une affection qui se perpétua, après le temps d'école, chez ceux dont il avait su faire des hommes sérieux et d'honnêtes citoyens.

Parmi ces derniers, et avide des leçons du maître, se distinguait un étudiant au cœur droit, à l'âme pieuse, aux habitudes paisibles et recueillies, qui porta bientôt au présidial de Blois les utiles enseignements qu'il avait reçus à l'Université d'Orléans. C'était M. Pardessus, père de celui dont nous allons retracer la vie. Il conserva avec l'illustre vieillard ces douces relations que les anciens élèves cultivaient avec une si grande sollicitude, et à la mort du maître son cœur éprouva une vive douleur que la naissance d'un fils, survenue cinq mois après, vint heureusement amoindrir.

Un des hommes qui, après Pothier, devaient jeter le plus d'éclat sur l'enseignement du droit, naquit l'année même où le grand professeur d'Orléans s'éteignait dans sa célébrité.

Jean-Marie Pardessus vint au monde à Blois, le 11 août 1772.

Sa mère protégea de sa tendresse inquiète ses premières années. C'était une femme pieuse et qui comprenait toute la gravité des devoirs de la famille. Après avoir assisté à l'éclosion des premiers sentiments de son fils, satisfaite de son œuvre, elle sut se montrer forte à l'âge où l'instruction de l'enfance doit mêler ses bienfaits à ceux de l'éducation.

A cette époque, les prêtres de l'Oratoire, adonnés presque exclusivement à l'instruction de la jeunesse, possédaient en France de nombreux colléges dont plusieurs jouissaient d'une grande et légitime renommée; celui de Vendôme était célèbre; c'est là que Jean-Marie étudia jusqu'au moment où son père trouva son esprit disposé à recevoir la semence d'une instruction supérieure.

L'étude du droit était en honneur dans la famille ; Jean-Marie grandit dans les mêmes sentiments et l'on peut dire de lui ce qu'un illustre magistrat a dit de M. Dupin, « qu'il fut jurisconsulte par instinct » avant de l'être par l'étude[1]. »

Son père fut son professeur. Sous sa direction pleine de droiture et de sollicitude et que rendait peut-être quelque peu sévère le sentiment élevé du maître pour la science qu'il enseignait, Jean-Marie, en même temps qu'il s'appliqua à rechercher dans le droit son principe philosophique et sa raison dominante, se livra ardemment à l'étude des lois positives et sut y trouver la solution des questions pratiques que soulève le conflit des intérêts particuliers.

Comme le comte Siméon, avec lequel il devait plus tard se rencontrer fréquemment dans sa vie politique ou scientifique, Jean-Marie appartenait à l'une de ces familles de la bourgeoisie et du barreau où la probité et le savoir étaient héréditaires[2]. Son père lui enseigna à distinguer dans les lois et la jurisprudence cet esprit de justice et d'équité que Pothier révélait à ses élèves et sans lequel la législation ne saurait être que transitoire.

La vie de famille forma de bonne heure son âme aux jouissances paisibles. Il y puisa des vertus et

---

1. M. le Premier Président Troplong, Installation de M. Delangle comme procureur général près la Cour de cassation. Audience solennelle du 20 novembre 1865.

2. Mignet, Portraits historiques, t. II, Le comte Siméon.

des sentiments qui se perpétuèrent en lui jusqu'à sa mort, tant la racine en était profonde : — le sentiment religieux, qui dirige nos actions vers le bien et leur assigne un but digne des plus généreux efforts ; — l'amour du foyer, si propice au travail et aux saines pensées ; — la pureté des mœurs et la modestie, qui appellent le respect sur notre personne et nous inspirent la retenue et la modération inséparables de la vraie dignité ; — et le dévouement à l'autorité, à cette royauté qui gouvernait la France depuis plus de treize siècles et dont l'existence, quelles que fussent les fautes du passé, était à ses yeux si indissolublement unie aux destinées du pays, que c'était la patrie elle-même, c'est-à-dire un principe au-dessus des attaques de l'esprit de parti et en dehors des critiques déjà si vives que dirigeaient contre les institutions les philosophes et les encyclopédistes. L'harmonie dans le foyer, comme au sein des corps constitués, au sein de la nation, lui paraissait un bien à conserver au prix des plus grands sacrifices. Aussi le verrons-nous, quand nous retracerons sa vie politique si accidentée, porter l'amour de l'ordre et le respect de l'autorité à des limites si étendues, que ses concitoyens lui reprocheront l'exagération de ses sentiments ou les taxeront de faiblesse, de dépendance presque servile, quand ces sentiments n'étaient, en réalité, que le résultat de son éducation première et des tristes évènements dont nous allons voir se dérouler la trame impitoyable.

II

Le destin n'attendit point que M. Pardessus eût l'âge d'homme pour le soumettre aux cruelles épreuves dans lesquelles l'âme forte se retrempe et sait affirmer son énergie.

Il entendit gronder l'orage révolutionnaire, et il vit l'édifice séculaire de la royauté, incessamment envahi par le flot des aspirations et des haines, s'écrouler dans sa grandeur, épouvantant le monde du fracas de sa chute.

Ce fut pour la famille une douleur inénarrable, si profondément infuse, que toute l'existence de M. Pardessus en fut frappée.

Mais les convictions puissantes bravent ou dédaignent l'épreuve du danger, et le dévouement véritable est celui qui s'offre aux revers, aux malheurs, sans calculer si le succès viendra un jour le récompenser de ses pertes. Le père de Jean-Marie n'était pas homme à sacrifier facilement à des idées qui contrariaient toute sa vie ; sa conviction était restée dans le camp des vaincus. Pendant que le plus jeune des enfants, échappant à la réquisition, allait rejoindre en Vendée Larochejacquelein dont il devenait aide-de-camp, pour se faire tuer bientôt à Savenay dans les rangs royalistes, Jean-Marie était enrôlé dans la garde nationale mobilisée ; le père[1], arrêté comme suspect, était incarcéré dans les prisons d'Orléans, et sa femme, la pieuse mère de Jean-Marie, mourait, accablée par la maladie, défaillante sous des douleurs et des inquiétudes trop fortes pour l'âme de l'épouse et de la mère.

La gravité d'évènements qui atteignaient M. Pardessus dans ce qu'il avait de plus cher, lui fit de

---

[1]. Et non Jean-Marie, comme l'a écrit par erreur M. Fr. Duranton (*Journal de l'instruct. publique*, 27 juillet 1853).

bonne heure apprécier les avantages et les garanties d'un gouvernement régulier ; mais à travers les troubles et l'effervescence qui agitaient alors la France et se faisaient violemment sentir au sein même de la contrée qu'habitait la famille, il n'était pas encore possible d'entrevoir l'aurore d'un pareil bienfait. Ses longs entretiens avec son père, si brusquement interrompus, la transformation radicale des institutions, un esprit natif d'impartialité qui lui permettait de distinguer les vœux légitimes des aspirations insensées, durent éveiller promptement son âme à la critique et à la comparaison, et, sur ses principes monarchiques, greffèrent des idées de progrès et de liberté, incompatibles, suivant lui, avec la forme républicaine, mais qu'il considérait comme parfaitement conciliables avec un système de gouvernement constitutionnel. Tombé au milieu du bouleversement du passé [1], « sa raison fut mûre dès la jeunesse [2], » et la responsabilité qui pesait désormais sur lui en fit un homme à l'âge où ceux qui n'ont point souffert se laissent naturellement entraîner aux illusions de la jeunesse et aux riantes espérances de l'avenir.

Jean-Marie se trouva ainsi le chef de la famille, quand il sortait à peine de sa vingtième année.

Le découragement ne l'atteignit pas. Les siens sont dans le besoin, c'est à lui de leur venir en aide, et, pour remplir dignement cette mission sacrée que Dieu lui confie, il espère puiser dans la pratique du barreau les ressources honorables qui n'ont point fait défaut à son père.

---

1. « *Prima ætate incidit in ipsam perturbationem disciplinæ veteris.* » (Cicéron, *De l'orateur*, liv. I, 1.)

2. Villemain, *Discours sur la critique*.

L'enseignement public du droit avait disparu dans la chute des institutions. L'ordre des avocats, qui comptait déjà près de cinq siècles d'existence et d'illustration, était tombé avec les Parlements. Les principes de la liberté avaient été portés par la Révolution dans une branche des connaissances humaines qui, cependant, semblait plus que toute autre solliciter de sérieuses garanties. Les Facultés étaient entrées dans l'histoire ; il n'y avait donc plus de grades à conquérir, de titre d'avocat à ambitionner. La législation ne reconnaissait que des hommes de loi ou *défenseurs officieux*, choisis librement par les justiciables. Jean-Marie put voir l'élite de l'ordre si utile et si respectable des avocats, les Thouret, les Barnave, les Lanjuinais, les Vergniaud, les Cambacérès, Mounier, Chapelier, Portalis, Siméon, etc., etc., appelés à nos assemblées nationales, porter à la tribune l'éclat dont ils brillaient au barreau. Tous avaient rendu et pouvaient rendre encore à leurs concitoyens des services éminents. Le talent avait donc toujours droit de cité, et Jean-Marie n'avait pas à regretter de n'être que défenseur officieux, s'il pouvait ainsi conquérir la situation qu'il avait espéré atteindre par le barreau.

Il avait obtenu que son père fût transféré à la prison de Blois ; c'est là qu'il se rendait, quand une cause délicate lui était confiée. L'expérience du père venait aider l'intelligence du fils, et le cabinet de l'ancien avocat au présidial, maintenu dans son activité, n'avait réellement pas changé de directeur.

Dans ces temps difficiles, où toute réclamation en faveur d'un homme arrêté comme suspect était une cause de doute et de nouvelle sévérité, Jean-Marie comprit qu'il y avait sagesse à garder le silence sur la situation de son père et à attendre le retour de jours meilleurs et d'une justice plus impartiale. Cependant la santé de M. Pardessus s'altérait sous l'influence d'un repos absolu et des inquiétudes si naturelles qui l'assiégeaient sur le sort des siens. Jean-Marie, de son côté, ne croyait pas à la durée d'un oubli qui n'avait point sa source dans la clémence, et, si douce que pût être la détention de son père, elle n'était pas sans présenter des dangers sérieux et sans faire redouter une catastrophe. Il résolut de solliciter son élargissement et se rendit à Orléans, près des chefs de l'administration départementale. Grâce à l'intervention d'un avocat, alors tout-puissant, il rentra à Blois, porteur, pour son père, d'une autorisation de se faire soigner dans son domicile pendant quinze jours. L'autorisation ne renfermait point de date : elle put donc se prolonger indéfiniment. Après le 9 thermidor, M. Pardessus fut définitivement rendu à la liberté, et son fils put continuer, dans le calme et la sécurité, sous le regard de celui dont il avait fait son guide et son conseil, la profession si noble qui avait soutenu la famille aux jours de crise et d'ébranlement.

Mais cette famille était, hélas, bien décimée !

Jean-Marie voulut la reconstituer en donnant à son père une fille dont les soins inquiets lui feraient peut-être oublier la tendresse de la femme qu'il avait perdue, ou du moins, si une pareille pensée n'était point permise, adouciraient l'amertume de ses regrets. Il se maria en 1794. L'enchantement fut de courte durée ! Jean-Marie n'avait point encore épuisé la coupe des douleurs ; le ciel le frappa à nouveau d'un coup terrible, comme s'il eût voulu lui faire gagner, au prix des plus atroces souffrances, l'avenir illustre qu'il lui réservait. Dans les joies intimes du foyer et dans la riante ivresse que légitiment la sérénité des mœurs et le devoir accompli, étaient nés deux enfants. Six années n'avaient pas encore passé sur le bonheur de Jean-Marie, que la mort venait lui ravir sa jeune compagne, le laissant anéanti sous une épreuve trop cruelle, à la suite de blessures qui n'étaient point encore cicatrisées.

Un ministre de Napoléon III [1], brisé par la douleur que lui causait la perte de sa fille, adressa au Souverain une lettre déchirante pour demander à être relevé de son mandat. L'Empereur lui répondit qu'il prenait la part la plus vive à sa douleur; mais qu'une expérience personnelle lui ayant montré le travail comme le seul remède efficace contre les grandes souffrances morales, il le priait de lui continuer ses services dévoués.

Horace avait déjà dit, dans son langage si humain :

> .....*Minuentur atræ*
> *Carmine curæ* [2].

Et M. Pardessus n'en était pas à ignorer cette puissance incontestée du travail sur les affections de l'âme. Mais il avait encore un autre élément de force. Son père avait passé par des épreuves plus terribles ; et cependant, il le voyait près de lui, calme dans sa sereine vieillesse, tout prêt à pardonner au passé en faveur des promesses de l'avenir. Et ces promesses, le fils lui-même pouvait leur sourire, puisque deux

---

1. Son Excellence M. le garde des sceaux Baroche ; janvier 1866.
2. HORACE, *Odes*, liv. IV, 11.

enfants survivaient à celle qu'il avait perdue. Enfin, profondément religieux et croyant, il appelait à son aide la religion qui, en montrant à l'homme une vie future, lui enseigne à ne point placer toutes ses espérances dans les choses d'ici-bas, « la religion, cette
» puissance secourable, qui soutient l'enfance et con-
» sole la vieillesse dans les voies quelquefois si rudes
» et si âpres de la vie..., qui fortifie même les plus
» tendres courages, pour accomplir les devoirs les
» plus pénibles [1] ! »

III

Le calme étant revenu dans l'âme de M. Pardessus, le but de sa vie lui apparut bientôt dans toute sa netteté. Travailler pour ses enfants fut désormais son unique pensée, et, pour garder dans son cœur le culte de celle qui lui avait légué ces êtres chéris, il ne voulut pas qu'une autre femme vînt prendre sa place au foyer consacré par les joies et les tristesses communes, « ce foyer qui est pour tous les membres de la famille
» comme une patrie plus étroite et plus chère, à
» laquelle on songe pendant le travail et la peine, et
» qui reste dans les souvenirs de toute la vie, associé
» à la pensée des êtres aimés qu'on a perdus [2]. »

C'est pour ses enfants qu'il désira, qu'il ambitionna le succès ; pour eux la fortune, la renommée, l'illustration... ; et pour leur conquérir tous ces biens, il n'eut pas assez d'ardeur à l'étude, au travail, à l'exercice de sa profession. La récompense ne se fit pas attendre. En peu de temps M. Pardessus, devint l'avo-

---

[1]. Mgr Dupanloup, *De l'éducation*.
[2]. Jules Simon, *L'Ouvrière*.

cat le plus occupé du barreau de Blois; les causes abondaient à son cabinet, non-seulement les procès civils et commerciaux, mais les affaires plus délicates dans lesquelles se trouvaient engagés des royalistes, d'anciens émigrés, soit qu'ils fussent rentrés en France pour y vivre à l'ombre d'un gouvernement tutélaire, soit qu'ils se maintinssent en lutte contre ce gouvernement. Le nom de Pardessus s'indiquait naturellement à eux, et bien que son caractère l'éloignât de toute opposition au nouveau régime, on savait qu'il ne refusait jamais l'appui de son talent et de ses connaissances aux partisans d'une cause pour laquelle sa famille et lui-même avaient fait de si grands sacrifices, et à laquelle il conservait une sympathie qui n'était pas sans se trahir quelquefois, à l'heure des confidences et dans l'intimité du foyer. C'est ainsi encore que les proscrits, les prêtres non assermentés que la justice révolutionnaire avait poursuivis, confiaient leurs intérêts à sa jeune expérience et que, grâce à la politique et aux mécontents, son nom acquit bientôt une certaine célébrité en dehors du prétoire.

L'affaire Clément de Ris contribua singulièrement à consolider cette réputation.

M. Clément de Ris, sénateur, dévoué au gouvernement impérial et par cela même désigné plus particulièrement à l'opposition royaliste et aux hardis coups de main qu'elle tentait à l'intérieur, avait été enlevé de sa maison de Beauvais, près Tours, en plein jour, dans sa propre voiture, par des hommes armés. Cet acte audacieux avait été exécuté le 1er vendémiaire an IX. Le premier Consul en ressentit une irritation des plus vives, et, sous son impulsion, le pouvoir judiciaire se livra aux plus actives recherches pour dé-

découvrir les coupables. Huit individus furent bientôt arrêtés sous l'inculpation d'avoir coopéré à l'enlèvement, et parmi eux un chirurgien de Comté, près Blois, Pierre le Ménager, et les époux Jourgeon. L'affaire fut portée au tribunal spécial d'Indre-et-Loire séant à Tours, et M. Pardessus, consulté par plusieurs des accusés, accepta spécialement la défense de Jourgeon (*Moniteur* du 4 thermidor an IX). Les antécédents de l'avocat l'avaient indiqué à ceux que la solution de cette affaire intéressait autant que la perpétration du crime. Cette circonstance que M. Clément de Ris, rendu à la liberté après dix-neuf jours de réclusion dans un souterrain, n'était pas, de son propre aveu, dans la possibilité de désigner tous les auteurs de son enlèvement, permettait à la défense d'invoquer le bénéfice du doute. Nous regrettons que le *Moniteur* de l'époque se taise sur les débats et sur la défense de M. Pardessus ; mais on sait que le talent déployé par le jeune avocat, dans une affaire à laquelle on donnait ouvertement un caractère politique, lui conquit dans la cité de Blois une position désormais assurée, et que ses concitoyens, à quelque opinion qu'ils appartinssent, fiers de son mérite, soutinrent bientôt de leurs vœux et de leur entière confiance une réputation si légitimement acquise.

IV

« Les mœurs domestiques, a dit l'abbé Mably, dé-
» cident à la fin des mœurs publiques... Qui ne sait
» être ni mari, ni père, ni voisin, ni ami, ne saura
» pas être citoyen [1]. »

---

[1]. *Entretiens de Phocion.*

L'homme privé, chez M. Pardessus, décelait facilement ce que serait l'homme public. La droiture et la modération étaient le fond de son caractère, et il apportait déjà dans la discussion un esprit de calme et d'urbanité qui, dans les affaires les plus graves, et alors même que la politique, avec tous les entraînements qu'elle implique, était en jeu, éloignait de sa personne toute hostilité.

On sait quel régime de sécurité intérieure avait succédé, sous l'énergique direction du Premier Consul, aux derniers tressaillements de l'agitation révolutionnaire. Le pouvoir paraissait solidement établi dans les mains de Bonaparte, et le chef du gouvernement, après s'être affirmé par sa haute capacité d'administrateur aussi bien que par ses qualités d'homme de guerre, tendit ouvertement, à la suite du traité d'Amiens, à rallier enfin ceux que les évènements avaient si profondément divisés. Si la patrie rappelait dans son sein tous ses enfants éloignés, c'était pour que les citoyens indistinctement s'intéressassent désormais à la bonne organisation de la chose publique et à l'harmonie des intérêts privés. De là, pour l'administration et la magistrature, des choix sérieux basés sur l'honorabilité des mœurs et du caractère.

Dans la sphère où s'agitait sa vie, M. Pardessus présentait toutes les garanties désirables, et c'était un homme dont la magistrature et le gouvernement devaient rechercher le concours. Pour sortir de la position ambiguë de défenseur officieux et devenir licencié en profitant du bénéfice de la loi du 22 ventôse an XII, qui était alors à l'étude, il sollicita les fonctions de juge-suppléant près le tribunal de Blois. Ces fonctions lui furent conférées en 1802.

Bientôt après, satisfaisant au vœu de la population, le gouvernement le nomma adjoint (1804), puis maire de Blois (1805). Il fut facile à son activité de mener de front ses occupations du barreau et de l'administration. Il montra toutes les ressources de son esprit et de son érudition dans des dissertations juridiques confiées aux feuilles de la localité. Quant à son rôle municipal, il a laissé un profond souvenir dans le pays; nous savons même de source certaine qu'on garde précieusement, à l'hôtel-de-ville de Blois, un volume (unique assurément) dans lequel sont réunis ses principaux arrêtés, marqués au coin de l'utilité pratique et dont plusieurs sont restés en vigueur.

V

M. Pardessus fit paraître en 1806 son *Traité des servitudes ou services fonciers*, ouvrage qui, en 1820, avait déjà cinq éditions, et qui, d'abord publié en un volume, dut, en 1838, lors de la huitième édition, et avec les nouvelles données de la doctrine et de la jurisprudence, en comprendre deux.

Le Code civil était à peine promulgué que ce livre venait développer et commenter savamment l'un de ses titres les plus importants, par la comparaison du droit moderne avec nos anciennes coutumes, règlements et usages locaux, et surtout avec le droit romain, source inépuisable de précieux renseignements. Les principes généraux sur les servitudes, leur division, les règles propres à chaque espèce, enfin l'acquisition et l'extinction des servitudes forment autant de parties qui embrassent toute la matière.

Ce n'est pas sans émotion qu'on apprendra que M. Pardessus fut obligé de payer de ses propres deniers, et en faisant argent de toutes ses ressources, la première impression d'un ouvrage qui est aujourd'hui dans toutes les mains et qui valut bientôt à l'éditeur assez intelligent pour l'acquérir d'importants bénéfices. Le succès ne s'était pas fait attendre. Une année après la publication, et quand le Sénat, ratifiant le vœu des électeurs qui désignaient M. Pardessus comme candidat à la députation de Loir-et-Cher, eut appelé le jeune administrateur au Corps législatif (18 février 1807, *infrà* XXII), son collègue, M. Nougarède, présenta son œuvre à l'Assemblée et en fit le plus sincère éloge.

M. Pardessus n'oublia pas qu'il devait à ce travail, aussi bien qu'à son dévouement aux intérêts de ses concitoyens, la haute fonction dont il avait été honoré, et il fit personnellement, dans la séance du 30 mars 1810, hommage au Corps législatif de la deuxième édition de son ouvrage[1] : « Le Corps législatif, » dit-il, dans la session de 1807, a reçu avec intérêt » la première édition de mon *Traité des servitudes*. » Mes efforts pour être utile et pour que mon travail » fût digne du prince qui m'avait permis de le lui » dédier[2], trouvèrent une récompense précieuse dans » les marques de bienveillance que j'ai reçues de mes » collègues.

» Si des erreurs ont disparu de mon ouvrage, s'il » peut avoir acquis une utilité plus étendue, je le dois » à leurs observations.

» Offrir maintenant au Corps législatif cette seconde

---

1. *Moniteur* du 1ᵉʳ avril 1810.
2. Cette dédicace ne figure pas dans les éditions postérieures; elle était adressée au prince archi-chancelier Cambacérès, qui s'était déjà montré très bienveillant pour M. Pardessus.

» édition que ses suffrages ont encouragée, que les
» conseils de plusieurs de ses membres ont perfec-
» tionnée, ce n'est donc pas seulement témoigner ma
» reconnaissance, c'est rendre ce qui m'a été prêté si
» généreusement. »

VI

Au moment où M. Pardessus tenait ce noble langage, il avait le mérite d'avoir conquis un nouveau titre à l'estime de ses collègues et à la faveur publique. Il avait en effet publié, en 1809, son *Traité du contrat et des lettres de change*, qu'il refondit plus tard dans son *Cours de droit commercial* et qu'il ne fit plus paraître isolément. A maintes reprises on insista près de lui pour qu'il en donnât une seconde édition ; il se refusa toujours à faire ce qu'il appelait « une sorte de spéculation de librairie. » Le contrat de change ne pouvait à ses yeux être l'objet d'une publication nouvelle qu'autant que, comprenant toute la législation comparée sur le change, il n'aurait pas fait double emploi avec la partie comprise dans son *Cours*. M. Pardessus prit soin de s'expliquer lui-même à cet égard, en 1841, dans l'*Avertissement* dont il fit précéder la cinquième édition de ce *Cours*.

Ce n'est point par vaine gloire qu'il appelait l'attention du Corps législatif sur ses travaux personnels ; il voulait que ses collègues s'intéressassent à l'étude des lois, certain qu'ils n'en comprendraient que mieux la mission qu'ils avaient reçue. C'est dans cet esprit qu'à la séance du 12 avril 1810 (*Moniteur* du 13) il leur signala le *Corps de droit français* de Rondonneau : « Un travail entrepris, disait-il, dans la vue
» d'offrir du secours à la mémoire du magistrat et du

» jurisconsulte, et de guider les recherches de celui
» qui n'est pas capable de l'étude approfondie qui
» fait découvrir la liaison et les rapports des lois, doit
» être reçu avec empressement par le public; il a des
» droits à la bienveillance du Corps législatif. »

Les fonctions de maire de Blois, l'honneur de la députation à une époque où le Corps législatif, il faut le reconnaître, était sans initiative, ne suffisaient pas à l'activité de M. Pardessus qui, séparé forcément de ses occupations du barreau, ne pouvait mettre en œuvre tout ce que son intelligence était capable de produire.

Mais bientôt, comme l'heureux *fatum* des âmes d'élite et la fortune de celui qui sait attendre, une occasion de succès et d'honneur, digne de lui, digne de ses aptitudes, à la hauteur de ses espérances, vint s'offrir à lui.

VII

Le Code de commerce avait été déclaré exécutoire en France à partir du 1er janvier 1808. Mais l'étude du droit commercial ne figurait point dans l'enseignement des Facultés; le décret du quatrième jour complémentaire de l'an XII n'avait statué, effectivement, qu'à l'égard du droit romain, du Code civil, du droit civil dans ses rapports avec l'administration, du droit public français, de la législation criminelle, et de la procédure civile et criminelle.

Après la promulgation du Code de commerce, l'étude du droit commercial prit un nouvel essor. Les temps semblaient propices à cette étude. Le commerce et l'industrie, si longtemps comprimés, avaient vu revenir des jours meilleurs, et les transactions, pour lesquelles le calme et la sécurité sont la condition première de vitalité, augmentaient de jour en jour, basées désormais, quant aux conflits d'intérêts, sur des règles bien déterminées.

Le grand-maître de l'Université, M. de Fontanes, voulut, en 1809, combler une lacune regrettable. En même temps qu'il reconstituait l'enseignement du droit civil par la création d'une nouvelle chaire, il demandait à l'Empereur d'introduire l'enseignement du droit commercial dans l'École de droit de Paris. Or, d'après la loi du 22 ventôse an XII, les premiers titulaires de chaires nouvellement créées étaient choisis par le ministre, et ce n'était que dans le cas d'une vacance ou d'un remplacement qu'il devait y avoir lieu à un concours public devant les professeurs de la Faculté. Quant à la nomination, elle émanait du chef du gouvernement, sur la présentation de candidats. M. de Fontanes n'avait donc, d'après la législation comme d'après l'usage, qu'à solliciter du chef de l'État son agréement du sujet qu'il avait désigné pour la chaire de droit commercial nouvellement créée. L'Empereur, sans s'arrêter à la personne du candidat présenté par le grand-maître de l'Université, demanda pourquoi la chaire n'était pas mise au concours; — « Le concours n'a lieu, lui fut-il répondu, que pour une vacance. — Et cependant, repartit Napoléon, si l'on juge le concours utile pour une seconde nomination, comment ne le serait-il pas pour la première? » L'argument était sans réplique. L'Empereur ne voulait pas qu'une chaire nouvelle fût supposée créée pour telle ou telle personne; sur ses ordres la place fut mise au concours.

Des jeunes gens, illustres depuis dans la magistrature, le barreau, la politique, et déjà versés dans la connaissance du droit, notamment MM. Persil et Dupin aîné, se mirent sur les rangs.

Les amis de M. Pardessus désiraient vivement le voir prendre part à la lutte. Son *Traité du contrat et des lettres de change* avait révélé chez lui des aptitudes toutes spéciales à l'enseignement du droit commercial : — le respect de la loi adouci par une tendance marquée vers les principes de l'équité, — le dédain des subtilités, — une grande connaissance des usages, — un goût naturel pour les données de l'économie politique, si utiles dans les graves questions relatives au commerce et à l'industrie, — une simplicité de style qui ne visait qu'à la clarté et à la méthode en se manifestant, néanmoins, par une certaine élégance, — cette honnêteté et cette bonne foi si nécessaires pour se prononcer avec rectitude dans les cas que le législateur a laissés inaperçus [1], — enfin, et plus spécialement pour l'enseignement, une facilité d'élocution qui pouvait lui permettre d'affronter sans crainte les épreuves et la publicité d'un concours.

M. Pardessus, que sa qualité de député au Corps législatif retenait le plus souvent à Paris, s'entoura de tous les documents propres à l'aider dans la lutte. Néanmoins, il ne voulut pas l'entreprendre avant d'avoir consulté son père. Le vieillard n'avait pas cessé d'être le conseil de son fils dans les graves circonstances de sa vie. « L'ombre et le silence, a dit l'auteur » du livre *Des erreurs et de la vérité*, sont les asiles

---

[1] « Quand un citoyen est inspiré par le génie du bien, il n'est » jamais embarrassé dans les cas que les lois n'ont pas prévus. » (SERVAN, *Discours sur la justice criminelle.*)

» que la vérité préfère[1], » et M. Pardessus ne manquait jamais d'aller retremper son âme aux sources vivifiantes du foyer domestique. Le concours fut terminé le 19 juillet 1810, et M. Pardessus eut le bonheur et le mérite de l'emporter sur ses illustres concurrents.

Il avait alors trente-sept ans, l'âge de la force et de l'apaisement, l'âge où l'honnête homme, assez mûr pour résister aux passions, doit désormais marcher invariablement dans la voie du bien, assez jeune encore pour y avancer avec l'espérance et la légitime ambition du succès.

M. Pardessus était nommé titulaire de la seule chaire de droit commercial qui existât alors en Europe. Pendant vingt ans il occupa son poste sans que les évènements multiples qui se succédèrent, comme nous le dirons bientôt en parcourant sa vie politique, l'aient pu détourner un moment de la noble mission, qu'il avait lui-même sollicitée, de guider la jeunesse dans la nouvelle voie ouverte à son désir d'instruction. Son enseignement devint célèbre. Si le professeur rappelait Pothier par la clarté de sa méthode aussi bien que par la douceur et par la modestie de ses mœurs, il se rapprochait encore davantage du grand jurisconsulte par son dévouement à ses élèves et l'attention inquiète qu'il portait à tous leurs actes. Les étudiants lui rendaient cette affection, et il eut assez de force sur leur esprit pour leur imposer, dans des circonstances critiques, la légitime influence de son caractère et de sa paternelle autorité.

Quand il se vit, l'année suivante (1811), éliminé du Corps législatif pour défaut d'âge, il consacra à l'étude

---

1. De Saint-Martin, dit *le Philosophe inconnu*, 1775.

approfondie du droit commercial et à son enseignement tout le temps que lui laissait le barreau, et n'eut pas à regretter la perte d'une situation qui lui permettait de donner pleine satisfaction à ses goûts.

VIII

« Il est aussi difficile, a dit Cicéron, de bien
» enseigner une science que de la posséder[1]. » Par contre, l'enseignement devient facile à l'homme qui, comme M. Pardessus, non-seulement possède la science, mais se trouve encore assez heureusement doué pour faire profiter son auditoire des bienfaits de son érudition[2].

M. Pardessus avait ouvert son cours, le 5 novembre 1810, par un discours très substantiel sur la législation et la jurisprudence commerciales, et bientôt il réalisa les vœux et les espérances de l'Université et du public en publiant, à l'expiration de sa première année d'enseignement, en 1811, les *Éléments de jurisprudence commerciale*, le livre le plus complet alors en cette matière, bien qu'il ne fût pas le plus étendu. L'ouvrage de Savary, le *Praticien des consuls*, les *Institutes ou instructions consulaires*, étaient trop diffus et d'une consultation difficile ; Valin et Emérigon n'avaient pas donné moins de quatre volumes in-4° sur le seul droit maritime. Un livre élémentaire, expo-

---

1. « *Non solum aliquid scire artis est, sed est quædam ars etiam docendi.* »
2. M. Sévin (*De l'organisation des Facultés de droit*, Rev. crit. de législ., 1866, p. 169, *en note*) constate qu'à l'époque où le cours de droit commercial n'était pas de rigueur, « il y avait foule pour s'ins-
» crire au cours de M. Pardessus... qui ne faisait jamais d'appel. »

sant les principes et leurs déductions avec simplicité, méthode et clarté, était donc nécessaire. Les motifs qui avaient conduit à fondre les lois et les usages de la jurisprudence commerciale dans un code unique, à créer une chaire qui assurât la pureté et l'unité de la doctrine, appelaient un ouvrage destiné à communiquer au public ce que le professeur enseignait à ses élèves, et à présenter un ensemble de principes suffisant pour que les commerçants et ceux qui doivent diriger ou juger leurs contestations, pussent s'éclairer, sans être effrayés soit par la longueur, soit par le prix des volumes.

Cette publication était l'acquit d'une dette que M. Pardessus avait, en quelque sorte, contractée en prenant possession de son enseignement.

Sans s'astreindre à l'ordre du Code ni aux seules matières qu'il avait embrassées, il divisa son livre en cinq parties, — la première consacrée à la personne des commerçants, à leurs droits et obligations, — la deuxième et la troisième aux contrats commerciaux, — la quatrième aux faillites et banqueroutes, — la dernière à la juridiction commerciale et à la compétence.

Il réalisait ainsi cette pensée utilitaire si bien exprimée dans son discours d'ouverture :

« Lorsqu'une partie de la législation, difficile à
» traiter par l'immense variété des transactions
» qu'elle embrasse, et par sa nature même qui ne lui
» permet que d'être une exception aux règles géné-
» rales, est devenue l'objet d'un code unique, la
» science exige un nouveau genre de travail ; il
» devient nécessaire de rapprocher des principes
» élémentaires que le législateur a revêtus de sa

» sanction, les monuments de la jurisprudence qui
» les a produits ; de prévenir, par l'unité de la doc-
» trine, le retour de cette licence d'opinions qui ren-
» dent toutes les questions problématiques, et de
» faire aimer la loi en la faisant connaître dans tous
». les détails de sa prévoyance. »

L'accueil qui fut fait à ce volume encouragea M. Pardessus à persister dans la ligne qu'il avait suivie, et bientôt il prépara l'œuvre qui devait mettre le sceau à sa réputation de jurisconsulte.

IX

M. Pardessus traversa sans encombre les orages de 1814 et de 1815 ; et c'est surtout à cette époque que se manifesta chez les étudiants de l'École de droit cette soumission à l'ascendant du maître dont nous parlions tout à l'heure. A cette époque encore, le cabinet de l'avocat, du jurisconsulte, était encombré par la clientèle. Les industriels, les négociants de nos villes les plus éloignées, venaient solliciter le secours de ses lumières dans leurs conflits d'intérêts, et, suivant la belle expression de Cicéron [1], sa maison était un oracle.

Les travaux de M. Pardessus, la célébrité de son enseignement, lui avaient conservé l'estime, l'appui moral de ses concitoyens, qui l'envoyèrent, en 1815, à la Chambre comme député de Loir-et-Cher.

Nous verrons bientôt quelle ligne politique il adopta.

Disons de suite que cette charge nouvelle ne di-

---

1. « *Domus jurisconsulti totius oraculum civitatis.* » (CICÉRON, *De l'Orateur*, liv. I, 45.)

minua en rien l'ardeur qu'il dépensait à l'instruction de la jeunesse, et qu'il s'occupa tout autant en 1815 et 1816, et à partir de 1820, époque où il reparut à la Chambre après quelques années de tranquillité, du professorat et du barreau, qu'il le fit lorsqu'il n'exerçait pas des fonctions publiques. Il publia en effet la première édition de son *Cours de droit commercial* de 1813 à 1816. Le monde judiciaire, la magistrature, les hommes éminents de l'industrie et du commerce accueillirent cette œuvre avec la faveur la plus marquée. L'ouvrage parut complet en quatre volumes. Le *Moniteur* du 23 mai 1817 lui consacra un premier article dont l'auteur, après un exposé remarquable des progrès du commerce et des nécessités qu'ils créaient dans l'étude du droit, constatait qu'en aucune langue et en aucun pays il n'existait sur la jurisprudence commerciale un ouvrage aussi méthodique, aussi complet. « On peut regarder cet ouvrage, ajou-
» tait-il, comme un de ces livres rares où l'érudition
» est sagement employée aux besoins de la société,
» où l'homme d'affaires trouve un guide fidèle, et où
» le véritable homme de lettres se plaît à voir la
» science et le bon goût appliqués à des choses
» utiles[1]. »

La seconde édition, publiée en 1821, renfermait cinq volumes ; M. Pardessus l'avait fait précéder d'un *Discours sur l'origine et les progrès de la législation commerciale* et d'une *Bibliothèque de jurisprudence commerciale*. L'édition de 1826 avait également cinq volumes, comme celle de 1831, dans laquelle il donna un plus grand développement à la matière des assu-

---

1. Voy. encore le *Moniteur* du 14 juillet 1818.

rances terrestres ; mais il en avait retranché, ainsi qu'il le fit dans l'édition postérieure, le *Discours* et la *Bibliothèque* dont nous venons de parler. Les nécessités de l'enseignement avaient amené des additions et des améliorations. A partir de 1830, M. Pardessus put se livrer avec plus de liberté à ses études favorites: la pratique du barreau et les progrès de la jurisprudence le déterminèrent à opérer de nouveaux changements dans son œuvre, et lorsque la cinquième édition parut, en 1841-1842, elle comprenait six volumes. M. Pardessus y conservait le plan des éditions précédentes avec des indications plus précises et plus complètes quant à la jurisprudence, en modifiant profondément la matière des sociétés, et en appropriant le traité des faillites et banqueroutes ainsi que le droit maritime aux nouvelles données que venaient de fixer les lois du 28 mai 1838 sur les faillites, et du 14 juin 1841 sur la responsabilité des propriétaires de navires.

C'était un ouvrage dès lors complet et dont la seule modification prévue ne pouvait consister que dans les indications jurisprudentielles et dans les changements de la législation.

Tel qu'il parut en 1816, c'était déjà un livre excellent, où les principes du droit commercial se trouvaient largement et nettement posés avec leurs conséquences juridiques, et qui est resté pour les jurisconsultes l'œuvre capitale de M. Pardessus. Depuis 1842, un grand nombre d'ouvrages sur le droit commercial ont été publiés; aucun d'eux n'a abordé l'étude de ce droit avec une égale ampleur de vues et avec cet esprit de méthode qui en fera toujours le meilleur livre de doctrine. Si l'on convient, avec Buffon, « que

« le style n'est que l'ordre et le mouvement qu'on met
» dans ses pensées, » jamais un ouvrage de droit n'a
été mieux écrit, mieux conçu : on l'a représenté
comme la *raison écrite :* on ne pouvait dire plus juste,
et les magistrats consulaires suivent cette raison
depuis 1816 ; le livre, comme le nom de M. Pardessus,
est resté parmi eux à bon droit populaire.

On sait quelle division l'auteur a adoptée : — la
première partie traite *du commerce et des commerçants ;* — la deuxième, des *principes généraux sur les
engagements de commerce ;*—la troisième, des *contrats
commerciaux autres que ceux du commerce maritime ;*
— la quatrième, du *commerce maritime ;* — la cinquième, des *sociétés commerciales ;* — la sixième, des
faillites et banqueroutes ; — la septième enfin, *de la
juridiction et de la procédure.*

X

Le gouvernement n'avait point renoncé à réclamer
de M. Pardessus des services dont il avait pu apprécier toute la valeur lors de la session législative de
1815-1816. En 1818, le ministre de l'intérieur
nomma une commission chargée de s'occuper d'une
question qui, bien des fois depuis cette époque, a
sollicité l'attention des hommes pratiques, celle de la
rédaction d'un *Code rural.* M. Pardessus fut désigné
pour faire partie de cette commission (*Moniteur* du
13 août) qui, deux mois plus tard, présentait au
ministre un projet de loi sur les chemins vicinaux,
et s'occupait, sans désemparer, d'un autre projet
relatif aux cours d'eau, matière sur laquelle la législation offrait de grandes lacunes.

XI

M. Pardessus publia en 1819 les Œuvres complètes du chancelier d'Aguesseau, auxquelles le journal officiel consacra deux articles[1], édition en 16 volumes in-8°, enrichie de pièces importantes inconnues des premiers éditeurs, — telles que les questions soumises aux cours supérieures sur le projet d'ordonnances des donations, testaments et substitutions ; le travail du chancelier sur les réponses de ces cours ; ses lettres et instructions aux parlements sur des difficultés nées dans les premiers temps des lois nouvelles, etc., — et qu'il fit précéder d'abord de l'*Éloge de d'Aguesseau*, par Thomas, puis, plus tard, d'un *Discours préliminaire* sur les ouvrages du grand chancelier.

Cette publication est, sans contredit, supérieure à toutes celles qui ont été faites sur le même sujet. Les fonctions remplies successivement par d'Aguesseau, comme membre du ministère public, puis en qualité de chef de la justice, présentaient un classement naturel de ses œuvres. C'est celui qu'a suivi M. Pardessus. Il publie donc, en première ligne, les *Discours, Conclusions, Requêtes et Mémoires* qu'a faits d'Aguesseau comme avocat général et comme procureur général, en y ajoutant les *Mémoires et Observations* adressés par lui au roi et aux ministres ; puis on trouve l'œuvre du chancelier, les projets qu'il prépara, les belles lois et ordonnances qu'il a rédigées, sa correspondance avec les magistrats du royaume, et les traités divers qu'il composa sur quelques points

---

1. *Moniteur* de 1819, p. 8, et de 1823, p. 58.

de droit public ou privé. Enfin, il rassemble les études particulières qui contribuèrent autant à donner au ministre illustre le titre de *grand chancelier,* que les travaux de sa profession de magistrat : les belles *Instructions* qu'il écrivit pour ses enfants; les *Méditations religieuses ou philosophiques,* dans lesquelles il demandait à la Divinité la raison des choses et des institutions humaines; les œuvres de littérature et de science par lesquelles il se délassait de ses occupations pratiques si nombreuses et si importantes.

Le *Discours préliminaire* trace à larges traits la vie du chancelier à partir des débuts extraordinaires du jeune magistrat dont Denis Talon disait : « Je voudrais finir comme ce jeune homme commence! » L'auteur le montre, organe savant et convaincu du ministère public, relevant encore ses hautes fonctions par sa dignité personnelle, et, dans quelques lignes remarquables, M. Pardessus dépeint lui-même la situation si homogène et cependant si tranchée du barreau et du ministère public, dont tous les efforts doivent tendre, par des voies différentes, à former la conviction des juges en la basant sur le respect de la loi. On suit d'Aguesseau dans ses fonctions d'avocat général, de procureur ; on le voit arrivant par sa sagesse, ses talents, son éloquence, à l'autorité suprême de la magistrature. Enfin, il s'arrête pendant quelques instants aux ouvrages de d'Aguesseau qui ont trait aux études destinées à former les jurisconsultes et les hommes d'État; au *Mémoire sur le commerce des actions,* dans lequel, au risque d'encourir la disgrâce du prince, d'Aguesseau combattait vigoureusement un système dont il prévoyait les suites désastreuses et que réprouvait sa conscience de philosophe et de praticien; aux *Méditations métaphysiques* sur l'origine des idées du juste et de l'injuste qu'il fait remonter à la Divinité, source des devoirs et premier fondement de la justice; aux *Caractères divers de Jésus-Christ dans sa doctrine et ses œuvres*, seule partie publiée des savants extraits préparés pour ses enfants et qui sont restés comme les meilleures leçons qu'un homme vertueux puisse pratiquer et enseigner aux siens.

Nul mieux que M. Pardessus ne pouvait présenter une image fidèle de la noble carrière de d'Aguesseau, et l'édition qu'il a donnée de ses œuvres est considérée comme la meilleure source de documents. A une époque de sa vie politique, M. Pardessus sera chargé de la collection des lois en vigueur en dehors de nos codes (*infrà*, XXXIX); il se rappellera que d'Aguesseau avait conçu, pour toutes les provinces de France, l'uniformité de la législation, et il pourra se reporter lui-même à la juste appréciation qui termine son *Discours* :

« Les lois dont il fut l'auteur ont survécu aux ins-
» titutions de son temps; et, placées dans le code
» uniforme dont il avait prouvé la possibilité et pré-
» paré l'exécution, elles en sont encore les parties les
« plus sages et les plus utiles. »

Enfin, lorsque nous le verrons, après une vie de labeurs, s'éteindre dans sa vieillesse honorée, nous lui appliquerons les lignes qui couronnent son étude sur d'Aguesseau : « C'est ainsi qu'un grand homme,
» après avoir travaillé pour son siècle, peut encore
» être utile à la postérité, l'instruire par ses ouvrages
» et la guider par ses exemples. »

XII

M. Pardessus trouvait dans sa vigoureuse organisation la force de combiner ces importants travaux avec les nécessités de son cours de droit commercial. Il cherchait ainsi et rencontrait dans l'étude un refuge contre les tracas nombreux que tout homme public éprouve à son tour, et qui, ainsi que nous allons le montrer, ne lui furent pas épargnés.

M. Bavoux, professeur suppléant à la Faculté de droit de Paris et juge au tribunal de la Seine, avait remplacé, le 22 juin 1819, M. Pigeau dans le cours de procédure. Il paraît qu'au lieu de se borner à expliquer et commenter la loi, le professeur se livra à d'ardentes critiques de la législation. La division se mit au sein de l'École, et, le 29 juin, sous les yeux mêmes du professeur, les étudiants en vinrent entre eux aux injures et aux voies de fait. Le doyen, M. Delvincourt, intervint ; son autorité fut méconnue. Le 1ᵉʳ juillet, par arrêté de la commission d'instruction publique, M. Bavoux fut suspendu de ses fonctions et l'École fermée provisoirement.

Poursuivi devant la Cour d'assises, où M. Pardessus dut comparaître en qualité de témoin et se borna à dire qu'il avait entendu de bruyants applaudissements, M. Bavoux, accusé d'excitation à la désobéissance aux lois, fut acquitté après la défense de MM. Persil et Dupin. Vainement les étudiants adressèrent-ils, le 11 juillet 1819, une pétition à la Chambre des députés pour demander la réinstallation du professeur dans ses fonctions; la Chambre passa à l'ordre du jour et, plus tard, la commission de l'instruction publique prononça contre M. Bavoux la censure à raison des faits du mois de juin.

La situation des professeurs de l'École de droit ne fut pas sans embarras dans ces circonstances. Les feuilles publiques, et notamment *le Constitutionnel,* prétendirent que l'arrêté de fermeture de l'École avait été désapprouvé par le doyen et par les professeurs auxquels il enlevait des droits d'examen et de thèse. Les professeurs s'empressèrent de protester contre la fausseté injurieuse de cette allégation, et ils le firent par une lettre très digne, très honorable, signée de M. Pardessus, et insérée dans le journal officiel du 5 juillet. Trois jours auparavant, M. Pardessus était aux Tuileries ; le ministre de l'intérieur l'ayant aperçu, l'engagea à s'approcher et le présenta au duc d'Angoulême. Le prince entretint le professeur des scènes affligeantes dont l'École de droit avait été le théâtre ; M. Pardessus répondit, avec une dignité émotionnée, que tout le prix qu'il attachait à la bienveillance du prince ne pouvait lui faire oublier l'impression défavorable qui résultait pour l'École de droit de cette agitation, jusqu'à ce qu'il fût reconnu que l'immense majorité des élèves n'en pouvait être accusée et que des étrangers en étaient presque les seuls auteurs :— « Soyez tranquille, lui dit le duc avec bonté, l'on » n'oublie point la conduite antérieure de l'École de » droit, ni celle que viennent de tenir les professeurs. »

M. Pardessus conserva longtemps la crainte que ce fait isolé n'eût jeté dans l'esprit du gouvernement un doute sérieux quant aux sentiments véritables de l'École, et, même en 1824, le 9 novembre, dans le discours d'ouverture de son cours (*Moniteur* du 20), après avoir retracé la législation commerciale des

Romains, il rappelait aux élèves la nécessité de fortifier leur âme par de bonnes études, d'éviter les troubles de la nature de ceux qui avaient agité l'École, et de se rendre dignes de la liberté par le calme et le respect des lois.

XIII

En 1820, M. Pardessus publia ce *Programme d'une collection de lois maritimes*[1] qu'il devait exécuter plus tard si largement par la composition d'une œuvre qui est restée unique en son genre et que nous apprécierons bientôt.

C'est ainsi que M. Pardessus occupait les loisirs que lui laissait son éloignement de la vie politique, partageant ses heures entre les travaux d'érudition, le barreau et l'enseignement du droit.

Mais ce repos, si favorable aux productions de son esprit, lui fut bientôt ravi.

Sa réputation de jurisconsulte et de professeur l'avait mis en relations fréquentes avec la partie éclairée des commerçants et industriels du Midi qui, dans toute question délicate, s'aidaient de ses conseils ou s'appuyaient de ses doctrines. Leur reconnaissance se manifesta d'une manière éclatante. Ils le choisirent pour représenter leurs intérêts à la Chambre, en même temps que les électeurs de Loir-et-Cher renouvelaient à leur concitoyen le mandat qu'ils lui avaient déjà confié en 1807 et en 1815. Nommé ainsi par une double élection en 1820, M. Pardessus opta pour le département des Bouches-du-Rhône qu'il représenta, comme nous le verrons plus loin, jusqu'à sa retraite.

---

1. Voy. Thémis, t. VI, p. 377.

Les élèves ne préjudicièrent point de cet honneur accordé à leur maître ; les cours n'éprouvèrent pas d'interruption. Le 18 novembre 1820, à l'ouverture du cours, M. Pardessus prononça une allocution aussi remarquable par la forme que par l'élévation des pensées[1], dans laquelle apparaissent son profond dévouement et sa vive affection pour la jeunesse qui lui avait été confiée, sentiments qui semblaient redoubler au souvenir des scènes regrettables dont l'École avait été le centre l'année précédente. Une ordonnance du 4 octobre 1820 avait prescrit, pour la troisième année d'école, l'étude de la législation commerciale aux élèves qui voulaient obtenir le grade de licencié. M. Pardessus choisit comme texte de son discours l'origine et les progrès de cette législation. Dans un exposé rapide, il retraça magistralement l'heureuse influence du commerce, rappella ce que l'histoire nous apprend des institutions commerciales des divers peuples, rendit hommage à la sagesse des Lois rhodiennes, du Consulat de la mer, des Rôles d'Oléron, des Établissements de Saint Louis, aux belles ordonnances de Louis XIV, à la rédaction du Code de commerce, et prit texte de cette dissertation[2] pour invoquer le repos et la sécurité publique et politique, si nécessaires au commerce, et que semblait garantir la naissance d'un héritier du trône. Puis, il conseilla aux élèves la concorde, l'oubli des dissensions, l'amour réciproque :

« Loin de réclamer, s'écriait-il, une part dans les

---

1. Voy. Thémis, t. IV, p. 151.
2. Voy. *infrà*, LV, l'*Étude sur le droit commercial* publiée en 1818, puis en 1832, par M. Pardessus, dans les quatrième et cinquième éditions des *Lettres sur la profession d'avocat* de M. Dupin.

» funestes dissensions qui ont si longtemps agité notre
» patrie, aimez-vous! Que l'union entre les enfants
» prépare et cimente la réconciliation des pères!.....
» Dans une étude des lois ne perdez jamais de vue
» Celui qui en est la raison première ; ne vous bornez
» pas à les considérer dans les seuls rapports des
» intérêts individuels; remontez à ceux qui lient tous
» les hommes envers le Dieu par qui la justice est
» donnée aux rois et la sagesse aux institutions ! »

XIV

La faveur royale n'avait pas fait défaut à M. Pardessus ; en 1819, comme nous l'avons dit, il avait été présenté au duc d'Angoulême, et quand les électeurs l'eurent renvoyé à la Chambre, le roi voulut lui donner une preuve de son estime particulière en le nommant chevalier de la Légion-d'Honneur (1820) et en l'appelant, l'année suivante (1821), à la Cour de cassation comme conseiller.

Le *Discours préliminaire* dont il avait fait précéder les *OEuvres de d'Aguesseau* indiquait suffisamment comment il savait apprécier la magistrature. Quel magnifique tableau n'avait-il pas présenté des fonctions du ministère public !

Ecoutons-le :

« Impassible et sévère comme la loi dont il est
» l'organe, grave comme la puissance qu'il représente,
» l'avocat général doit fixer les véritables circonstances
» de la cause, si souvent dénaturées et tronquées
» dans les débats des parties; mettre sous les yeux
» des juges l'analyse des moyens respectifs réduits à

» ce qui appartient à la contestation ; critiquer ou
» réfuter les principes faux ou hasardés ; rechercher
» et établir les véritables ; proposer, enfin, les motifs
» qui lui paraissent les plus propres à déterminer le
» jugement.

» L'ordre et la clarté, sous le premier de ces rap-
» ports ; l'exactitude et l'impartialité, sous le second :
» la science du droit et la force des raisonnements,
» sous le troisième, sont le mérite propre de ses
» conclusions¹. »

La magistrature n'avait pas de poste trop élevé
pour l'homme qui savait en retracer si noblement les
devoirs.

« Quelle plus honorable et plus douce existence, a
» dit un illustre magistrat², peut envier un juriscon-
» sulte qui a fait de l'étude du droit sa nourriture et
» sa passion, que d'être appelé, jeune encore, à
» prendre une part active, prépondérante souvent,
» dans les délibérations d'un tribunal dont les arrêts,
» destinés à former le complément des lois, ont, dès
» le début, conquis l'assentiment et le respect du
» monde judiciaire ? »

Pendant dix années, M. Pardessus partagea les travaux de la Cour suprême et retrouva, au sein de ses
collègues, cette douce sérénité si nécessaire à la juste
appréciation des lois et cette tranquillité qu'enlèvent
souvent les péripéties de la politique.

De beaux monuments de jurisprudence attestent

---

1. *OEuvres complètes du chancelier d'Aguesseau*, Discours prélim., p. 26.

2. M. LE PROCUREUR GÉNÉRAL DELANGLE, *Discours d'installation*, 20 novembre 1865.

son passage dans la magistrature et établissent qu'il savait appliquer la loi avec autant de raison et d'équité qu'il en apportait dans ses actes de la vie publique à la Chambre, et dans son enseignement à la Faculté de droit. Ces temps, déjà bien éloignés de nous, ne le sont pas assez, toutefois, que des magistrats et des jurisconsultes ne se rappellent encore avec émotion les rapports que présentait M. Pardessus sur les questions soumises à l'appréciation souveraine de la Cour. Sa diction était simple, correcte; son style facile, sobre, substantiel; sa pensée allait droit au but, sans ambages, sans digressions, sans étalage de science inutile, et s'offrait toujours avec ce caractère de clarté et de méthode qui simplifie le débat en précisant la solution, en circonscrivant les principes.

On peut citer comme vraiment remarquables les rapports qu'il fit — sur la responsabilité des communes quant aux dégâts commis sur leur territoire (arrêt du 4 décembre 1827. Commune de Montagnac); — sur l'étendue de l'obligation dont sont tenus les habitants d'une commune représentée par le maire (31 mai 1830. Sicard); — sur le caractère d'actes de commerce attribué aux billets à ordre (13 janvier 1829. Lasnon); — sur le droit des avoués à la plaidoirie (15 janvier suivant. Avoués de Saint-Mihiel); — sur la distinction établie, dans certains textes du droit romain, entre la substitution *De eo quod supererit* et la substitution conditionnelle qui laisse au grevé la faculté illimitée d'aliéner les biens substitués (1er février 1827. Ornano); — sur le droit à l'inscription aux listes électorales (26 juin et 6 juillet 1830. Préfets de la Mayenne et du Gard), et sur le pouvoir des cours de juger qu'une radiation opérée d'office par le préfet a eu lieu sans motifs (26 juin 1830. Préfet du Loiret); etc., etc. ; et sur toutes les questions se rattachant au droit commercial, sociétés, arbitrage, ou aux servitudes, matières dans lesquelles il avait au sein de la Cour une véritable autorité.

« Souvent, a dit M. Villemain [1], on se forme une » idée générale sur la manière d'un écrivain d'après » une qualité particulière qui se fait remarquer dans » son style. » Cette pensée, paraphrase évidente d'un mot célèbre de Buffon, s'applique parfaitement à M. Pardessus, et on retrouve dans ses rapports l'homme simple, droit, modeste que nous ont fait connaître ses livres et son enseignement.

Tel a été le rôle de M. Pardessus comme magistrat, de 1821 à 1830. Ce fut là l'époque la plus brillante de sa vie. Ses fonctions de professeur, de député, de conseiller, fortune, faveur royale, il devait tout à un travail acharné, à sa conscience intègre, à son caractère. Rien donc, dirons-nous avec Cicéron [2], rien ne lui manquait de ce que doivent donner la science du droit et les travaux de l'esprit, considérations, faveurs, dignités. Tous ces avantages disparurent un jour sous le vent de la fatalité. Nous verrons bientôt dans quelles circonstances ; mais les amis de M. Pardessus regrettèrent toujours qu'il eût sacrifié à ses sentiments politiques sa situation de magistrat. C'était là un poste aussi honorable que modeste où il pouvait rester de longues années. Cicéron, qu'on ne saurait

---

1. *Discours et mélanges littéraires*, Éloge de Montaigne.

2. « *Juris cognitio per sese quantum afferat iis qui ei præsunt, honoris, gratiæ, dignitatis, qui ignorat?* » (CICÉRON, *De l'Orateur*, liv. I, 45.)

se lasser de citer, l'a dit encore : « Il n'est point pour
» un vieillard de retraite plus respectable, plus glo-
» rieuse, que celle où il se consacre à l'interprétation
» des lois[1]. »

XV

Le 10 janvier 1822, M. Pardessus signa comme témoin à l'acte de décès de la duchessse de Bourbon, morte à l'École de droit où elle avait été transportée à la suite d'une défaillance qu'elle venait d'éprouver dans l'église Sainte-Geneviève.

Quelques mois plus tard (juin 1822), une décision prise par le roi, sur la proposition du ministre des affaires étrangères, confia à M. Pardessus l'exécution d'un projet dont la réalisation était vivement désirée, concernant la *Collection des lois commerciales de l'Europe*. Le *Moniteur* du 18 août suivant constatait que l'illustre professeur avait accepté cette mission, aussi laborieuse qu'honorable, avec un empressement dégagé de tout intérêt personnel, et ajoutait que les connaissances profondes du député dans les matières commerciales étaient une garantie certaine de la réussite de l'entreprise.

En 1823, M. Pardessus était de nouveau reçu en audience particulière par le souverain qui, pour la seconde fois, le nommait secrétaire du conseil général de Loir-et-Cher et lui fournissait ainsi l'occasion de prouver au département qui, le premier, l'avait envoyé à la Chambre, cette reconnaissance et

---

1. « *Senectuti vero celebrandæ et ornandæ quod honestius potest esse perfugium, quam juris interpretatio?* » (Cicéron, *De l'Orateur*, liv. I, 45.)

cette affection qu'il affirmait hautement dans sa lettre du 16 janvier 1821, alors que de graves considérations le portaient à opter pour le département des Bouches-du-Rhône (*infrà*, XXXIII). La même année, il était nommé chevalier de l'ordre de Saint-Michel, et deux ans après officier de la Légion-d'Honneur (*infrà*, XL). Il paraît certain qu'on lui offrit même, à cette époque, le titre de *comte*. Il crut sage de ne point accepter cette faveur et de conserver intact le nom que son père lui avait transmis et qu'il avait su illustrer, si bourgeois qu'il fût, dans les plus nobles fonctions [1].

Nous passerons rapidement sur cette période de la vie de M. Pardessus, si importante par les évènements politiques, comme nous l'apprécierons bientôt.

XVI

En 1828, M. Pardessus fit paraître le premier volume de sa COLLECTION DE LOIS MARITIMES ANTÉRIEURES AU XVIIIe SIÈCLE, d'après le programme qu'il avait publié en 1820. Il s'occupait d'abord de la partie qu'il rangea plus tard sous le titre d'*Us et coutumes de la mer*, ou collection des us et coutumes maritimes des peuples de l'antiquité et du moyen âge, et qu'il donna séparément en deux volumes, en 1847 [2].

Ce vaste ouvrage de M. Pardessus ne lui demanda pas moins de vingt années de recherches et de travaux.

---

1. Et cependant, le nom de DE PARDESSUS ne manquait pas de précédents dans l'histoire des lettres. M. Dupin mentionne, en effet, dans ses *Lettres sur la profession d'avocat* (5e édit., t. I, p. 238), un PIERRE DE PARDESSUS, reçu conseiller au parlement le 15 déc. 1567, et qui, au dire de Pithou, avait été un avocat d'un grand mérite.

2. Voy. *infrà*, 2e partie, LVII à LXI.

Il le publia de 1828 à 1845, en six volumes in-4°. Nous l'examinerons, avec toute l'attention qu'il mérite, dans la seconde partie de cette étude, consacrée à la retraite de M. Pardessus.

Le *Moniteur* ne manqua pas d'enregistrer une publication aussi importante, unique en son genre, qui était appelée à jeter un si grand relief sur l'érudition française, et que l'auteur avait dédiée au roi. Dans le numéro du 27 janvier 1829, un ami de M. Pardessus, M. de Portets, cette âme convaincue et généreuse dont nous avons suivi les leçons avec une grande partie de la génération de 1830, lui consacra quelques lignes qui en faisaient habilement ressortir le but et l'utilité, et désignaient à l'attention publique cette œuvre magistrale.

XVII

L'ampleur de vues qui régnait dans ce volume, le plan magnifique dans lequel était conçu cet immense travail, émurent profondément les hommes de science. L'Institut, « cette noble création que l'Europe nous » envie, lumineux faisceau où l'intelligence concentre » ses plus vifs rayons [1], » l'Institut ouvrait ses portes à M. Pardessus, qui fut nommé, en 1829, membre de l'Académie des inscriptions et belles-lettres où il se distingua bientôt par des travaux remarquables.

XVIII

Dans la séance du 29 mai 1829, il lut à l'Académie

---

1. M. LE PROCUREUR GÉNÉRAL DE CHENEVIÈRE, *Discours prononcé à Clamecy, aux obsèques de M. Dupin*, 1865.

un MÉMOIRE SUR L'ORIGINE DU DROIT COUTUMIER EN FRANCE ET SUR SON ÉTAT JUSQU'AU TREIZIÈME SIÈCLE.

Les anciennes lois des peuples qui occupaient la Gaule à l'époque de la domination romaine, ou qui en conquirent successivement quelque partie vers le règne de Clovis, celles, notamment, des Francs, des Visigoths, des Bavarois, des Allemands, etc., puis les capitulaires et les usages qu'ils constataient, présentaient des notions assez complètes sur le droit primitif coutumier jusqu'au IXe siècle. Mais, à partir de cette époque jusqu'aux *Établissements de Saint Louis*, une lacune considérable se rencontrait qui ne pouvait être comblée à l'aide des données insuffisantes du droit féodal, ni par les chartes de communes dont les plus importantes avaient disparu. Les *Assises de Jérusalem*, dont une copie, certifiée sur le texte vénitien, avait été envoyée à Louis XVI en 1791, puis égarée en Russie et en Pologne, venaient d'être recouvrées par le gouvernement, et désormais notre droit coutumier pouvait être étudié dans toutes ses phases et ses variations. M. Pardessus, dans un but d'utilité pratique, releva, dans l'ancien droit coutumier des capitulaires et des chartes, les dispositions qui se réfèrent à notre droit civil dont il suivait l'ordre d'après notre Code actuel ; puis il se livrait au même travail de comparaison pour les *Assises de Jérusalem*. En sorte que les variations et progrès de notre droit coutumier apparaissaient clairement à quiconque voulait s'en rendre compte. Un point, notamment, souleva une vive controverse qui n'est point encore vidée : M. Pardessus, interprétant un passage des *Commentaires de César*, posa nettement en fait que la communauté de biens entre époux, inconnue des Romains, existait, avec un caractère particulier, il est vrai, chez les Gaulois[1].

XIX

Quelques mois plus tard, le 31 juillet 1829, M. Pardessus lut à l'Académie un autre Mémoire sur un monument dont nous venons de parler, relatif à l'ancien droit coutumier de la France et connu sous le nom d'ASSISES DU ROYAUME DE JÉRUSALEM, Mémoire qui se rattachait à l'étude précédente dans laquelle il fut fondu lors de l'impression, ainsi que le prouvent les *Mémoires de l'Académie des inscriptions et belles-lettres*. L'auteur présentait dans ce Mémoire toutes les données qui pouvaient opérer la liaison entre l'ancien droit coutumier et les *Établissements de Saint Louis*[2]. Cette liaison lui paraissait si indispensable à l'étude sérieuse et complète de notre droit coutumier, qu'en 1838 il lut à l'Académie un rapport spécial pour demander que ce corps savant entreprît la publication des *Assises* et en préparât une édition digne de notre droit national et de l'antiquité de ses origines[3].

---

1. CÉSAR, *De bello gallico*, lib. VI, cap. 19 ; — LEBRUN, *Communauté*, ch. 1 ; — COQUILLE, *Question* 64 ; — PARDESSUS, *Loi salique*, 13e dissertation ; — RODIÈRE ET PONT, *Traité du contrat de mariage*, Introd. n° 15 ; — TROPLONG, *Du contrat de mariage*, 3e édition, préface, p. XCIX ; — GIRAUD, *Essai sur l'hist. du droit français*, t. I, p. 36.

2. THÉMIS, t. X, p. 210.

3. Voy. *Mémoires de l'Académie des inscriptions et belles-lettres*, t. XII, 1re partie, p. 86 et suiv., publié en 1839. — Voy. encore une lettre de M. Pardessus sur une *Dissertation de M. Taillandier relative aux Assises de Jérusalem*, publiée en 1829, dans la *Thémis*, t. IX, p. 444.

Une décision royale du 7 juillet 1829, due à l'initiative du garde des sceaux, M. Bourdeau, avait déjà prescrit l'impression des *Assises*: M. Guérard avait également pris des copies du manuscrit vénitien qui furent livrées à l'imprimerie royale; enfin, de 1840 à 1844, le vœu de M. Pardessus fut réalisé par les soins de son collègue, M. Beugnot.

XX

1830 arriva. M. Pardessus resta fidèle à un passé que nous allons retracer à plus larges traits dans le chapitre suivant. Il abandonna toute fonction qui pouvait, par un lien quelconque, et surtout par le serment, le rattacher au gouvernement nouveau, celle de professeur à l'École de droit, celle de conseiller à la Cour de cassation, et se réfugia au sein de la compagnie illustre qui, une année auparavant, lui avait ouvert les portes de son sanctuaire scientifique. Il touchait à la vieillesse. Sa retraite, nous le dirons bientôt, fut celle d'un sage. Il sut respecter le gouvernement du pays dont il suivait les lois. Fidèle au passé, sans trahir ses convictions par aucun acte d'opposition, il s'attacha à conserver toujours la modération, cette vertu qui, d'après Tacite, est si difficile à garder, même dans la sagesse, « *retinuit quod est difficillimum, in sapientia modum.* »

CHAPITRE II

VIE POLITIQUE DE M. PARDESSUS

Vie politique de M. Pardessus ; son importance. — M. PARDESSUS SOUS LE GOUVERNEMENT IMPÉRIAL. Membre du Corps législatif ; éliminé pour défaut d'âge. — Force et sincérité de ses opinions royalistes. *Adresse du collége électoral de Loir-et-Cher à l'Empereur.* Rentrée des Bourbons. — *Adresse de la Faculté de droit de Paris à l'Empereur après le 20 mars.* — M. PARDESSUS SOUS LA RESTAURATION. Député de Loir-et-Cher ; session de 1815-1816. Projets de loi sur *les cris séditieux ; — les cours prévôtales ; — la suppression de tribunaux.* — Loi sur *l'amnistie ;* M. Pardessus fait partie de la commission ; sa profession de foi politique ; éloges que lui décerne M. Pasquier. — Appréciation du rôle de M. Pardessus dans cette grave question ; *Assertion étrange de M. Duvergier de Hauranne.* — Procès du général Travot. — Projet de loi sur *les élections ;* M. Pardessus s'oppose au renouvellement par cinquièmes. — Sa situation à la Chambre dans cette première période. — Il est nommé commissaire de surveillance à la caisse d'amortissement. — Élections de 1816 ; il n'est point réélu ; remplacé à la caisse d'amortissement par M. Roy. Candidat aux élections de la Seine. — Il est nommé chevalier de l'ordre de la Légion-d'Honneur.— Élu député par deux départements, il opte pour celui des Bouches-du-Rhône. — 1821-1822. Part active qu'il prend aux travaux de la Chambre. *Écoles protestantes ; — législation sur le jury.* — Son opinion sur la *souveraineté du peuple.* — Son indépendance à l'égard des ministres. Son opinion sur *les lois d'exception ; — les délits de presse ; — la suppression des journaux après condamnation judiciaire ; — la diffamation envers les corps constitués.* Rapporteur de la loi sur *la police sanitaire.* — Exclusion du député Manuel ; M. Pardessus membre de la commission. —

II· PARTIE.

Chevalier de l'ordre de Saint-Michel. — Situation de la Chambre en 1824. Projets de loi sur *la réduction de la rente* et sur *la retraite des magistrats infirmes.* — Il se rend à Marseille. — Commission pour la codification des lois et règlements en vigueur en dehors de nos codes. — Officier de la Légion-d'Honneur. — Session de 1825. — *Indemnité des émigrés;* M. Pardessus rapporteur du projet. — Autres questions de cette session : — *Intérêt de l'argent;* — loi sur *la piraterie et la baraterie criminelle;* — *Écoles secondaires de médecine;* — *Indemnité des colons de Saint-Domingue.* — Commission sur *la propriété littéraire et artistique.* — Projet de loi sur *les substitutions;* — *Offenses envers les fonctionnaires.* — M. Pardessus vice-président de la Chambre. — *Code forestier.* — Réélu par le département des Bouches-du-Rhône. — Il appuie le principe de l'incompatibilité des fonctions rétribuées avec le mandat de député. — Projets de loi sur *la révision des listes électorales et du jury;* — *l'interprétation des lois après cassation;* — *la presse périodique,* etc. — Mise en accusation du ministère de Villèle. — État de la Chambre en 1828; proposition de M. Labbey de Pompières. — Session de 1829. La proposition précédente est reprise. Dévouement de M. Pardessus à M. de Villèle. Son entrevue avec le roi Charles X. — Adresse des 221. Dissolution de la Chambre. M. Pardessus est réélu; son élection est annulée. Chute de la dynastie. — Refus de serment; vains efforts de MM. Guizot et de Broglie. Démission de M. Pardessus de ses fonctions de conseiller et de professeur à l'École de droit. — *Sa retraite commence.*

XXI

Nous devons maintenant descendre des hauteurs sereines de la vie privée et de la science pour suivre M. Pardessus dans sa *vie politique.*

Son passage au Corps législatif ne fut que de courte durée.

Appelé, sous la Restauration, à représenter à la Chambre le département de Loir-et-Cher, il ne dut ce périlleux honneur qu'à la noblesse de son caractère, à la réputation que lui avaient déjà faite ses livres et ses savantes leçons, et à l'autorité qu'il avait si légitimement acquise dans son département d'origine.

Nous le verrons, pendant quinze années, ardemment dévoué à la cause royaliste et à la famille des Bourbons, assez mûr pour que ses convictions fussent solidement arrêtées et dignes de respect, assez jeune encore pour les défendre avec énergie.

Le public, ceux-là même qui font de l'histoire leur étude de chaque jour, n'ont qu'une idée très incomplète de la place considérable qu'a tenue M. Pardessus sur la scène politique de la Restauration. On ignore, en effet, qu'il fut l'un des membres les plus actifs de la chambre royaliste, quoique l'un des plus occupés en dehors des travaux de cette chambre, et que jusqu'à la dissolution qui en fut prononcée en 1830, il a été du nombre des députés les plus influents et les plus personnels en fait de netteté de principes. Mais, tant il est vrai que pour jouir de la réputation qu'on mérite il faut encore la solliciter, M. Pardessus n'en resta pas moins dans l'ombre, parce qu'il ne s'inquiétait pas plus de la popularité dans le sens des idées royalistes que d'autres ne la recherchaient dans le champ des idées libérales, et que, chez lui, l'opinion politique était bien plutôt une conviction que l'expression du programme d'un parti.

Nous croyons le moment venu de faire sortir sa noble figure de l'ombre où l'a laissée l'histoire, de restituer à M. Pardessus son rôle véritable, et d'apprécier sincèrement sa situation avec un esprit impartial mis au service d'une critique basée sur les faits et sur les documents les plus véridiques.

XXII

M. Pardessus débuta dans la vie politique sous le gouvernement impérial. Aux termes de la constitution du 22 frimaire an VIII, les listes départementales des candidats au Corps législatif, arrêtées par les collèges électoraux, étaient remises au Sénat, qui avait la mission de choisir dans ces listes les législateurs, les tribuns, les juges de cassation, etc., avec la condition d'âge de trente ans au moins. Le choix du Sénat, conforme au vœu des électeurs de Loir-et-Cher, conforme aux dispositions du gouvernement qui avait conféré à M. Pardessus les fonctions de maire de Blois, se porta sur le jeune avocat au renouvellement de 1807. Mais un sénatus-consulte du 19 août de la même année ayant substitué l'âge de quarante ans à celui de trente, les pouvoirs de M. Pardessus cessèrent à l'expiration de la session, et il se trouva, en 1811, éliminé du Corps législatif pour âge insuffisant.

On sait ce que pouvait être la représentation nationale à cette époque, en dehors des questions de législation; le rôle des députés se trouvait très effacé et d'une appréciation difficile pour le public qui ne peut, en réalité, asseoir son jugement et consacrer une réputation que sur la connaissance des opinions résultant de la publicité des débats. M. Pardessus se retirait en 1811, sans s'être signalé ni par un acte d'hostilité au gouvernement impérial, ni par un engagement public et personnel envers le gouvernement; en sorte que, lorsque les revers eurent annihilé le résultat de nos conquêtes et ramené à Paris, en même temps que l'étranger humilié si longtemps par le joug impérial, les Bourbons exilés depuis plus de vingt ans, M. Pardessus était complètement libre de donner carrière à ses sympathies, sans que sa conduite pût prendre aux yeux des plus convaincus le caractère d'une vengeance ou les apparences d'une défection.

XXIII

Il n'est pas douteux que M. Pardessus ait accueilli la Restauration avec le plus vif enthousiasme; non pas, ainsi que nous venons de le faire entendre, qu'il eût quelque grief, quelque motif d'animosité contre un gouvernement sous lequel il était parvenu aux fonctions publiques de maire de Blois, de député au Corps législatif et de professeur à l'École de droit de Paris, et qui n'avait, en aucune façon, arrêté l'essor de son zèle et de ses aspirations; mais parce que le gouvernement des Bourbons semblait lui promettre, comme aux hommes fatigués d'une lutte dans laquelle ils n'avaient point, toutefois, perdu leurs légitimes espérances, la satisfaction des besoins réels de l'époque, et les garanties de liberté et de sécurité que pouvait offrir à la France un gouvernement constitutionnel.

D'autres motifs, encore plus puissants parce qu'ils étaient plus intimes, font connaître l'âme de M. Pardessus et seraient plus que suffisants pour expliquer sa conduite.

Il était profondément royaliste par le sentiment, par le cœur. Sa famille n'avait eu que deux cultes : celui de la religion et son dévouement à la royauté; et leur force était d'autant plus grande qu'elle les avait affirmés par la souffrance et le sacrifice. Avec tous les citoyens, M. Pardessus avait dû prendre les armes pour défendre une patrie qu'il aimait sans doute, mais dont le gouvernement emprisonnait son père comme suspect de royalisme, quand son jeune frère se faisait fusiller à Savenay dans la révolte vendéenne, et quand sa mère expirait de douleur. Il avait plus de vingt ans lorsque l'exécution de Louis XVI et l'abolition du culte catholique étaient venues, en terrifiant la France, briser les deux sentiments intimes qui avaient enveloppé sa jeunesse. Les secrètes douleurs des siens, leurs regrets, leurs désespérances vivaient encore dans son âme, affluaient à son cœur avec autant de force qu'au jour de la triste réalité. Son père, débris du passé, restait près de lui l'indélébile souvenir de toutes ces tortures. A la rentrée de Louis XVIII, il put croire que la chaine des âges était enfin renouée; comme un éclair, le souvenir de la souffrance brilla dans son âme et s'effaça pour faire place à l'espoir, à la joie, aux promesses que faisait naître le retour d'un prince dont la générosité était d'autant plus probable, que lui aussi avait été cruellement éprouvé par l'exil et le malheur des siens.

Les sacrifices politiques perdent leur noble caractère quand ils ont l'intérêt pour mobile; le dévouement cesse d'être la plus belle vertu de l'âme quand il se fait payer, aux jours du succès, le prix de ses souffrances passées.

M. Pardessus, à l'encontre d'un grand nombre de royalistes que la Révolution n'avait cependant pas frappés aussi durement que lui, ne se fit point un titre du passé, et ce qu'il accueillit dans Louis XVIII, ce fut le représentant d'une race antique, instruit par les évènements, et par cela même animé de l'esprit moderne, le roi appelé à fermer les blessures de la patrie, et non le prince assez puissant, assez généreux pour récompenser tous les services, solder tous les sacrifices.

Les opinions de M. Pardessus en 1814 étaient donc spontanées, des plus avouables et profondément honnêtes. Le retour des Bourbons était, à ses yeux, la religion restaurée avec la royauté. Enfin, il n'avait aliéné son indépendance par aucun acte extérieur en faveur de l'Empire.

Quelques mots sur les dernières années du gouvernement impérial vont finir de nous édifier sur la véritable situation de M. Pardessus en 1815.

Le 22 mars 1812, il avait fait partie de la députation du collège électoral de Loir-et-Cher chargée de complimenter l'Empereur sur le retour de la paix et les promesses de bonheur que donnait de toutes parts la naissance du roi de Rome. L'adresse était conçue en termes dignes et modérés, et il semble qu'on y puisse trouver l'intervention directe de M. Pardessus dans ces paroles : « La guerre et ses triomphes n'ont » point fait oublier les pensées de la paix, et la légis- » lation française, terminée par la main qui gagnait » tant de batailles, offre à l'admiration des con- » temporains, à la reconnaissance de la postérité, des » monuments aussi durables que vos victoires sont » glorieuses [1]. »

La guerre de Russie et les désastres qui la suivirent n'avaient point encore refroidi les cœurs; la paix avait été signée avec la Prusse et l'Autriche; la naissance du roi de Rome était un nouveau gage de sécurité et d'avenir; la législation était désormais fixée. L'adresse de la députation de Loir-et-Cher n'était donc que l'expression du légitime sentiment de satisfaction que ressentaient à cette époque tous les hommes impartiaux.

On sait quels graves évènements s'accomplirent depuis le mois de juin 1812 : la plus valeureuse

---

[1]. *Moniteur* du 23 mars 1812.

armée du monde ensevelie sous les neiges et les glaces; la patrie envahie par l'Europe coalisée; la branche aînée des Bourbons rétablie sur le trône, puis, par un de ces coups du sort dont la série des siècles n'offre que peu d'exemples, condamnée à un nouvel exil; l'Empereur rentrant aux Tuileries et la nation prête à le soutenir encore contre l'Europe, mais demeurant ferme dans ses légitimes aspirations.

XXIV

Sous le gouvernement des Cent-Jours, M. Pardessus ne fut point inquiété, parce que dans la manifestation de ses sympathies pour la légitimité, il n'avait participé par aucun acte public à la déchéance de l'Empereur et à l'établissement du nouveau régime.

Le 26 mars[1], la Faculté de droit de Paris présentait à l'Empereur l'adresse suivante, signée de MM. Cotelle, Pardessus, Delvincourt, Boular et Morand :

« Sire,

» La Faculté de droit de Paris supplie Votre
» Majesté de vouloir bien agréer l'expression des
» sentiments que lui a fait éprouver votre retour, et
» surtout la manière inattendue dont il s'est opéré ;
» elle partage toute la reconnaissance que doit inspirer
» aux Français cette déclaration généreuse faite par
» Votre Majesté qu'Elle entend désormais renoncer à
» tout esprit de conquête pour s'occuper uniquement
» du bonheur de notre belle patrie, et pour y faire
» fleurir le commerce et les arts. Nous attendrons,
» Sire, avec confiance ces institutions que vous avez

---

1. *Moniteur* du 31 mars 1815.

» promises à la France, institutions fondées sur la
» liberté, sur l'égalité des droits, et qui doivent con-
» solider l'édifice social. De notre côté, nous ne
» laisserons échapper aucune occasion d'inspirer à la
» jeunesse qui nous est confiée l'esprit de soumission
» à l'autorité, de respect pour les lois, et nous aurons
» soin surtout de jeter dans le cœur des élèves les
» semences de ces idées libérales qui finissent toujours
» par triompher de tous les obstacles que l'on vou-
» drait en vain leur opposer. »

Que M. Pardessus ait rédigé cette pièce, qu'il n'ait fait au contraire que se borner à souscrire à la pensée de ses collègues, il faut reconnaître que l'adresse est empreinte des sentiments les plus nobles, les plus fermes, et qu'elle diffère essentiellement de celles dont le *Moniteur* de l'époque nous offre la longue nomenclature. Rappeler à Napoléon ses promesses, lorsqu'il était victorieux et que des circonstances marquées au coin d'une sorte de fatalité venaient de le ramener à Paris en maître; parler de la renonciation à l'esprit de conquête et revendiquer ces libertés qu'il n'avait promises que lorsque le succès n'était pas encore assuré, c'était d'un esprit fier et qui dédaignait la pompe des victoires lorsqu'elle couvrait le deuil de la liberté.

Mais ce qui appartient réellement à M. Pardessus, c'est la pensée relative à l'instruction de la jeunesse de l'École. Ah! il l'aimait de toutes les forces de son âme, cette jeunesse, non pas seulement parce qu'il avait reçu la haute et difficile mission de diriger son esprit, mais aussi et surtout parce qu'il la trouvait docile à la paternelle autorité que son noble caractère lui permettait d'exercer sur elle. — « Je suis attaché aux élèves de l'École de droit, — s'écriait-il à la séance du 13 janvier 1816, à la Chambre, — autant par affection que par devoir ! » et, dès 1815, il leur prouvait son attachement et son estime en les déclarant hautement dignes de recevoir la semence des idées libérales qui avaient cours, à cette époque, dans toutes les classes de la société, et que la royauté elle-même revendiquait comme base de sa restauration.

Ainsi, à la rentrée des Bourbons, en 1815, M. Pardessus n'avait d'autre passé politique que celui qu'il retrouvait dans son éducation première, dans sa vie de famille, dans des sacrifices réels à la royauté, et peut-être dans le souvenir de cette grande figure du chancelier d'Aguesseau dont il avait déjà esquissé les traits et résumé les œuvres pour son usage particulier.

Adonné exclusivement depuis quelques années aux études juridiques, il avait soif de tranquillité et de repos pour se livrer plus complètement à ses travaux de prédilection et aux devoirs de l'enseignement. Le bruit des luttes et des combats troublait cette âme paisible et, disons-le, bourgeoise, et il préférait hautement le régime de la paix, si propice au commerce et aux arts, au tumulte de la guerre, si redouté des familles et si dispendieux pour l'État, même dans l'éclat de la victoire.

Si donc les électeurs croyaient devoir l'honorer du mandat de député, rien dans son passé, dans ses actes, n'était de nature à troubler sa conscience d'honnête citoyen, et il pouvait légitimement suivre les sympathies de son âme.

Les faits vinrent bientôt dessiner nettement sa situation.

XXV

L'ordonnance royale du 14 juillet 1815 avait prononcé la dissolution de la Chambre des députés et convoqué les colléges électoraux pour le 14 août. Le département de Loir-et-Cher avait deux députés à élire; M. Pardessus fut l'un de ses mandataires. Le 7 octobre, le roi Louis XVIII ouvrit la session de 1815. Son discours fut sobre et tel qu'on devait l'attendre d'un prince si profondément blessé par les derniers évènements. Le sort de la monarchie paraissait enfin définitivement fixé ; le temps était opportun pour faire appel à la confiance et à la réconciliation, et le roi écoutait aussi bien les droites inspirations de la froide raison que le cri de son âme naturellement généreuse, lorsqu'il conviait les députés de la France à fonder la liberté sur le respect des lois et à guérir les blessures qui n'avaient que trop déchiré le sein de la patrie.

Nous ne rappellerons pas les évènements multiples qui tour à tour firent espérer ou retardèrent cette grande réconciliation des partis ; nous nous attacherons plus particulièrement à suivre M. Pardessus à la Chambre et à apprécier sa situation dans les questions importantes à la discussion desquelles il prit part.

Il n'est pas surprenant qu'à la fin de l'année 1815, c'est-à-dire dans les premiers mois de la session, alors que les derniers évènements avaient laissé dans les esprits une vive animation, des propositions empreintes d'un caractère évident de sévérité et de défiance aient été portées à la Chambre. Ce n'est là, en effet, que la conséquence ordinaire de toute réaction politique ou sociale. Au nombre de ces projets figurent les dispositions sur les cris séditieux et sur les cours prévôtales. L'opinion de M. Pardessus dans ces deux questions délicates fut conforme aux inspirations d'une droite conscience et à son respect invariable de la légalité ; il faut le reconnaître, bien que de semblables projets nous paraissent aujourd'hui avoir été de nature à diviser les esprits, bien loin de tendre à les rapprocher.

— Membre de la commission chargée de préparer la loi sur les *cris séditieux* (27 octobre 1815), M. Pardessus fut d'avis que la connaissance des délits fût laissée au jury et non transmise aux cours spéciales, et insista pour que le mot « *méchamment* », caractérisant nettement l'intention délictueuse, fût inséré dans la loi. — Quant aux *cours prévôtales*, dont le duc de Feltre proposa l'organisation dans la séance du 17 novembre 1815 (*Moniteur* du 18), il reconnut qu'elles pouvaient légalement, en ce qui concernait la procédure, être régies par des formes spéciales ; mais il ajouta qu'il n'y avait pas lieu de déroger en leur faveur au principe de la non-rétroactivité des lois. « Le crime, dit-il à ce sujet, doit être puni par » la peine qui était portée au moment où il a été » commis ; mais la législation appartient à la société, » et la législation peut déterminer les formes dans » lesquelles la peine sera appliquée. »

On sait de quelle importance est cette dernière question en droit criminel ; on sait, en outre, quels principes doivent être observés quand la peine nouvelle est moins forte que l'ancienne. La doctrine est nette à cet égard. Mais il faut tenir compte et savoir gré à M. Pardessus de sa modération et de son respect des données du droit criminel, quand on songe qu'il s'exprimait ainsi à une époque où il y avait dans les esprits, et surtout dans la Chambre, une propension marquée plutôt à l'aggravation qu'à l'atténuation des peines. Il appuya encore la proposition qui fut faite de soumettre aux cours prévôtales la connaissance du crime de contrebande avec attroupement et port d'armes, précédemment attribuée aux cours spéciales, proposition que la Chambre adopta le 16 avril 1816.

On reconnaissait à M. Pardessus un esprit pratique à la hauteur de ses aptitudes de théoricien et de jurisconsulte ; il justifia cette appréciation dans plusieurs circonstances, notamment dans les discussions relatives aux droits de timbre et d'enregistrement, au tarif des douanes, aux entrepôts, au droit sur les apports entre époux, au droit de port d'armes, à la dotation du clergé, etc. Il demanda (28 mars) que l'impôt du timbre quant aux journaux fût nettement défini, « non pas, disait-il, qu'il y eût trop à se louer » de leur exactitude et de leur esprit, mais parce qu'il » importait de ne pas entraver leur circulation; » ironie sans doute empreinte de quelque partialité, mais heureusement tempérée par un sentiment bien compris du droit de propriété et de la liberté d'industrie.

Jamais il ne montra d'hésitation quand il s'agissait d'un droit légal revendiqué par la royauté, ou de prêter à l'autorité souveraine un appui moral si nécessaire au lendemain même d'une révolution. Quand M. Hyde de Neuville eut présenté à la Chambre son rapport sur la suppresion d'un certain nombre de tribunaux, M. Pardessus rappela que les articles 58 et 59 de la Charte déclaraient expressément maintenir les tribunaux existants avec l'inamovibilité des juges, et exigeaient une loi pour toute modification à cet égard ; que c'était donc une loi que la commission, dont il faisait partie, devait demander au roi auquel la Charte avait constitué un droit, en exprimant toutefois, si elle le jugeait opportun, le vœu que les juges fussent déclarés inamovibles une année après leur installation.

C'est ainsi qu'il conciliait les principes de la liberté, de la légalité, avec les nécessités du moment et le respect dû aux prérogatives de l'autorité souveraine. Aussi la Chambre avait-elle compris, dès le début de ses travaux, les avantages qu'elle pouvait tirer du zèle de M. Pardessus, de son expérience et de ses connaissances théoriques et pratiques. Dès le 11 janvier 1816, à l'occasion du projet de loi sur le budget, il avait été nommé président du 8ᵉ bureau, puis désigné pour faire partie des commissions chargées d'examiner le projet; le 11 avril suivant, il était nommé membre de la commission appelée à apprécier la résolution relative à la formation de la Chambre des pairs en cour de justice ; etc., etc.

Mais nous avons hâte d'arriver à des questions plus importantes qui, en éveillant l'attention publique, mirent en relief dans cette session la personnalité de M. Pardessus et lui firent, aux yeux de tous les partis, chez ses amis comme parmi ses adversaires, une situation nettement tranchée.

Nous voulons parler du projet de loi sur l'amnistie, — de la discussion relative au général Travot, — et du rétablissement de la caisse d'amortissement. Ce sont là, en effet, les points les plus saillants de cette première étape déjà si brillante de la vie politique de M. Pardessus, et l'on ne nous adressera aucun reproche, nous osons l'espérer, de nous y arrêter avec quelque complaisance.

XXVI

Le jour même où la commission de gouvernement, constituée sous la présidence du duc d'Otrante, en vertu de la déclaration impériale du 22 juin 1815, proclamait la mise en état de siége de la ville de Paris, le 28 juin, Louis XVIII, rentrant sur le sol national, adressait de Cambrai une proclamation dans laquelle, rappelant brièvement les faits qui avaient de nouveau nécessité l'intervention de l'étranger, et heureux de ne voir parmi ceux qui avaient pris part à la lutte que quelques coupables, il promettait le pardon à ceux qui n'avaient été qu'égarés. « Le sang de mes
» enfants a coulé, disait le roi ; je dois donc, pour la
» dignité de mon trône, pour l'intérêt de mes peuples,
» pour le repos de l'Europe, excepter du pardon les
» instigateurs et les auteurs de cette trame horrible.
» Je promets, moi qui n'ai jamais promis en vain
» (l'Europe entière le sait), de pardonner aux Français
» égarés tout ce qui s'est passé depuis le jour où j'ai
» quitté Lille, au milieu de tant de larmes, jusqu'au
» jour où je suis rentré dans Cambrai, au milieu de
» tant d'acclamations. »

Généreuses paroles, que l'autorité royale affirma de nouveau par l'ordonnance du 24 juillet, en déterminant, d'une part, les officiers qui seraient traduits devant un conseil de guerre, et, d'autre part, les individus qui seraient internés en France jusqu'à ce que les Chambres fussent appelées à se prononcer sur l'exil ou sur la poursuite de certains d'entre eux.

Le 11 novembre, une ordonnance déféra à la Chambre des pairs le jugement du maréchal Ney. Le roi, clément parce qu'il était sûr de l'état de la France, ne s'était point hâté d'en venir aux mesures rigoureuses que sa déclaration avait présentées comme nécessaires. Mais, il faut le reconnaître, cette clémence, qui descendait de si haut, n'était point dans le cœur de tous les membres de la Chambre des députés. Dans un comité secret tenu la veille de l'ordonnance, M. de la Bourdonnaye demanda l'extension des listes de proscription, et désigna, dans un discours empreint d'une ardeur exagérée, trois catégories d'exception dont l'examen fut renvoyé à une commission composée de MM. de Sauvigny, de Villèle, de Corbière, Chifflet, de Sesmaisons, Feuillant, d'Aldeguier, Pardessus et Jollivet, c'est-à-dire, écrit M. Duvergier de Hauranne[1], « au dernier près, de membres » appartenant tous à la majorité ultra-royaliste. »

Le gouvernement s'émut de propositions qui étaient de nature à jeter l'alarme dans le pays et à faire douter soit de la parole du souverain, soit de la force de son autorité. Le président du conseil des ministres, M. le duc de Richelieu, après avoir reçu, le 2 décembre, le projet de la commission, se rendit dans son sein le 4. Il rappela, dans les termes les plus chaleureux et les plus élevés, que le roi avait un droit souverain d'amnistie, que sa parole était engagée, et que le rôle de la Chambre devait se borner à légaliser l'ordonnance du 24 juillet.

On ne put s'entendre.

Le 7 décembre, Ney était passé par les armes.

Le 8, M. de Richelieu présenta à la Chambre le projet de loi élaboré par le gouvernement pour réaliser la promesse d'amnistie. Il affirmait énergiquement

---

1. *Histoire du gouvern. parlem.* t. III, p. 310.

le pouvoir intégral de la couronne quant au droit de grâce et déclarait ne faire appel à la Chambre que pour donner à la clémence royale plus de solennité ; enfin, il maintenait l'amnistie pleine et entière pour tous ceux qui avaient pris part à la rébellion, en exceptant les personnes nominativement désignées dans l'ordonnance du 24 juillet[1]. Des neuf membres de la commission nommés par la Chambre, trois seulement, MM. de Germiny, Duvergier de Hauranne et de Cotton, adoptèrent le projet ; les autres, MM. de Villèle, Pardessus, de Sauvigny, Cardonnel, de Corbière et Chifflet, le repoussèrent[2]. M. de Richelieu fit de vains efforts pour ramener ces derniers à des sentiments plus modérés ; accompagné du ministre de la police, qui devait les édifier sur la véritable situation des esprits, il se transporta au milieu d'eux ; mais il dut bientôt se retirer, « le cœur navré », a-t--il-dit lui-même, en présence de leurs prétentions extrêmes.

Disons-le hautement, il n'y avait pas là de mise en scène : la clémence était dans le cœur du roi et de son ministre tout autant que dans leurs paroles. Chacun sait que le jour même où la commission nommait son rapporteur, M. de Lavalette, condamné à mort et sur le point d'être exécuté, s'évadait sous les vêtements d'emprunt de sa sublime femme, et trouvait asile dans l'hôtel même de M. de Richelieu[3].

Le 27 décembre, M. de Corbière déposa son rap-

---

1. *Moniteur* du 9 décembre 1815.
2. *Moniteur* du 14 décembre 1815.
3. DUVERGIER DE HAURANNE, liv. cité, p. 317 ; — A. DE VAULABELLE, *Hist. des deux Restaurations*, t. IV. p. 77 ; — *Moniteur* du 22 décembre 1815.

port. Ce n'était plus l'exposé ardent et passionné de M. de La Bourdonnaye ; son travail avait, au moins dans la forme, un grand caractère de modération¹ ; mais hélas ! la conclusion était identique : c'était un retour sur l'ordonnance du 24 juillet ; c'était la violation de la promesse royale !

Le public fut atterré ; les ministres des nations étrangères, lord Wellington, sir Charles Stuart, MM. Pozzo di Borgo, le général Woronzoff, exprimèrent hautement leur stupéfaction; lord Castlereaght quitta Paris, persuadé que la monarchie courait à sa perte.

La discussion, commencée le 2 janvier 1816, dura jusqu'au 6.

Les six membres de la commission que nous avons désignés soutinrent le projet, dont la conséquence était de mettre en jugement environ onze cents personnes². M. de La Bourdonnaye, notamment, le fit dans un langage qu'on a comparé à la sombre éloquence des membres du comité de salut public et à l'âpreté sinistre de Saint-Just aux plus mauvais jours de la Terreur³.

M. Pardessus, dont la conviction était aussi ardente, mais qui comprenait que les opinions les plus extrêmes demandent, par leur caractère même, une modération exceptionnelle, sous peine d'être assimilées aux haines de parti, se garda bien de faire appel aux sympathies si vives d'une grande fraction

---

1. *Moniteur* du 28 décembre 1815.
2. Guizot, *Mémoires*, pag. 122 et suiv. ; — A. de Vaulabelle, liv. cité, p. 132. — Une note de la police, remise à Louis XVIII, portait à 850 le nombre des personnes menacées.
3. Duvergier de Hauranne, liv. cité, p. 308, 309.

de la Chambre. Il se borna, en effet, à faire, à la séance du 3 janvier, une profession de foi qui attestait la sincérité de son royalisme, la chaleur de ses convictions, mais dans laquelle on ne rencontre point cette « violence » dont parle un historien [1]. Le contraire résulte même de ce fait, relevé plus tard avec juste raison par un biographe royaliste [2], fait dont nous nous occuperons tout à l'heure et qui est mentionné par le journal officiel [3], que M. le chancelier Pasquier fit publiquement l'éloge des talents et des sentiments de M. Pardessus avec une franchise qui annonçait que dans les deux côtés de l'assemblée se trouvaient des hommes dignes de s'entendre.

Écoutons, au surplus, le passage le plus saillant de cette déclaration d'un homme de bien dont la sincérité n'a jamais été sérieusement contestée [4] :

« Voici, s'écriait M. Pardessus, ce que nous vou-
» lons :
» Nous ne voulons ni des réactions qui nous ramè-
» neraient, en sens inverse, aux excès de 1793, ni de
» cette fatale sécurité qui laissa faire le 20 mars; nous
» ne voulons plus qu'on nous représente sans cesse
» les intérêts révolutionnaires comme les intérêts de
» la patrie; nous repoussons avec horreur ces ca-
» suistes politiques qui distinguent, avec tant de
» subtilité, l'État du souverain, la patrie du roi, le
» gouvernement *de fait* du gouvernement *de droit;*
» hommes qui sacrifient tout au triomphe de leur
» vanité blessée et à l'établissement de leurs sys-
» tèmes!.....

---

1. A. DE VAULABELLE, t. IV, p. 159.
2. MICHAUD, *Biog. de M. Pardessus.*
3. *Moniteur* du 6 janvier 1816, p. 22.
4. *Moniteur* du 5 janvier 1816, p. 18.

» ... Nous voulons notre roi..., ce premier lien de
» notre réconciliation avec la famille européenne ;
» nous voulons l'hérédité du trône, que nos pères ont
» établie, que réclame plus impérieusement que ja-
» mais notre intérêt politique; nous voulons la Charte;
» nous voulons (et bien plus que ceux qui tenteraient
» de nous calomnier), la liberté individuelle, la
» liberté de la presse, la liberté des consciences,
» l'égalité de tous les citoyens devant la loi ; nous
» voulons exécuter religieusement tous les traités que
» notre roi a signés, les promesses qu'il a faites ;
» nous voterons tous les impôts nécessaires; nous
» vendrons, s'il le faut, pour acquitter notre quote-
» part, les restes de notre patrimoine !

» L'Europe, tant de fois abusée sur notre compte,
» retrouvera en nous ces vieux Français, si fidèles à
» l'honneur, si enchaînés par leur parole. En voyant
» avec quelle sincérité et à quel prix nous saurons
» garder la foi des traités, elle fera la différence entre
» les hommes de la Révolution et les Français fidèles
» à la religion de leurs pères et aux vertus de leurs
» aïeux ! »

Est-il besoin de dire que ces paroles généreuses
furent accueillies par les applaudissements les plus
enthousiastes de toute la Chambre?

N'oublions jamais, hommes studieux qui voulons
juger impartialement les actes de la vie de M. Pardessus, n'oublions jamais ce premier discours politique du député royaliste. C'est le *criterium* de sa
véritable situation d'esprit, de ses sentiments politiques. C'était une profession de foi, comme l'on dit
aujourd'hui, dans laquelle, tout en se séparant nettement de la Révolution, il revendiquait les conquêtes

de la liberté et de l'égalité, en même temps qu'il constatait la nécessité de constituer un pouvoir solidement établi, fidèle, sous Louis XVIII, à la pensée qu'il exprimait si dignement, quelques mois auparavant, aux pieds de Napoléon victorieux.

M. Pardessus se montrait donc toujours logique, et les évènements, si favorables qu'ils eussent été à ses sympathies, n'étaient pas assez puissants que de le faire faillir à ses principes. Et que l'on ne dise pas que sa déclaration n'émanait que de ce sentiment exagéré que peut produire un moment de fièvre et de surexcitation si fréquent quand les mots de liberté et de patrie viennent retentir dans une vaste enceinte politique ! Quelques années plus tard, en 1819, M. Pardessus revenait sur le même sujet lorsque, dans le silence du cabinet et le calme de l'étude, il écrivait, en tête de sa publication des *OEuvres de d'Aguesseau*[1], les lignes suivantes :

» Sans nous reporter aux temps désastreux qui ont
» produit ce grand changement, sans chercher à ré-
» veiller de tristes souvenirs, il faut reconnaître avec
» sincérité que le retour à l'ancien ordre de choses,
» fût-il facile, n'entraînât-il aucun désordre, serait un
» mal qu'on devrait éviter. Ce n'est pas l'origine
» d'une institution qui doit en faire apprécier les
» avantages ou les inconvénients; les orages ont
» quelquefois leurs bienfaits ! »

Mais continuons l'exposé de la question d'amnistie.

A la passion de l'extrême droite, MM. de Vaublanc, Decazes, Siméon, Pasquier, de Serre, de Germiny, Royer-Collard, opposèrent, avec la plus grande fer-

---

1. *Discours préliminaire*, p. 42; *suprà*, XI.

meté et avec une énergie consciencieuse, les principes en matière d'amnistie et la souveraine appréciation du roi manifestée dans des actes publics.

N'aurait-on pu répondre à M. Pardessus demandant l'exécution religieuse des traités et des promesses faits et signés par le roi, que la proclamation de Cambrai, comme l'ordonnance du 24 juillet 1815, était une promesse formelle envers les Français compromis et un véritable traité signé avec la France elle-même, traité, certes, aussi respectable que ceux passés avec les puissances étrangères? Sans aucun doute; mais la discussion avait pris un caractère plus général. M. Siméon repoussa avec force les odieuses catégories de proscription qu'on voulait « substituer à » une amnistie déjà trop restreinte[1]. » — « Ce n'est » pas de sang, s'écria-t-il, que la France a soif, c'est » de sécurité, de pardon, de tranquillité... Nul n'a le » droit de plaider, contre la miséricorde du roi, la » cause des échafauds et de revendiquer pour eux » les victimes que sa bonté veut leur soustraire. » — » L'amnistie a été promise par le roi, ajoutait » M. Royer-Collard, et ne peut être rétractée sans » péril, je dirai plus, sans honte! Le pardon royal » promis ou proposé, c'est le pardon lui-même! » Sublime pensée, digne et de la grandeur du sujet et de la majesté du souverain; pensée que, plus tard, un illustre historien[2] traduisait par une phrase aussi expressive : « Pour les rois, promettre une amnistie » c'est la faire. » Bientôt M. de Richelieu annonça à la

---

1. Mignet, *Portraits et notices historiques*, t. II, M. le comte Siméon.

2. Guizot, *Mémoires pour servir à l'histoire de mon temps*, t. I, p. 122.

Chambre que le roi, dont il venait de prendre les ordres, se refusait aux amendements. — « Il faut se
» prosterner, dit-il en terminant et la voix tremblante
» d'émotion, il faut se prosterner devant une clémence
» au-dessus de toutes les considérations humaines ! »

Dans la séance du 4 janvier, M. le baron Pasquier, reprenant la question après MM. Colomb, Benoist, Michelet et de Saberry, la résuma avec une grande netteté et une hauteur de vues incomparable. « Je
» terminerai cette discussion, dit-il, par des considé-
» rations générales ; elles me seront fournies, elles
» me sont inspirées par la péroraison touchante que
» M. Pardessus a fait succéder à une habile discus-
» sion, et dont vous avez été sûrement aussi frappés
» que moi. Je dirai avec lui que cette assemblée est
» intimement unie, qu'elle est également animée et
» des sentiments du bien et de l'amour de son roi, et
» de la fidélité qu'elle lui a jurée. »

Après le vote des premiers articles, M. Duvergier de Hauranne, membre de la minorité de la commission, proposa la question préalable sur l'article des catégories, qui fut rejeté par 184 boules blanches contre 175 noires.

La clémence l'emportait de neuf voix !

Restait la question des régicides qui avaient accepté des fonctions dans les Cent Jours ou signé l'Acte additionnel. Le sentiment de la Chambre était très vif à leur égard ; le projet de la commission fut adopté sur ce point et l'exil prononcé.

M. Pardessus avait donc voté contre le projet ministériel et résisté aux prières royales !

XXVII

Pourquoi le dissimulerions-nous?

Politiquement et moralement, nous eussions préféré trouver M. Pardessus dans le camp de la miséricorde et n'avoir pas à défendre sa personne contre les critiques malheureusement trop fondées qui se produisirent avec violence contre lui et plusieurs de ses collègues. La loi, la raison, le sentiment public, étaient avec le ministère : c'est incontestable; et la loi lui eût-elle fait défaut, que la postérité n'aurait adressé à M. Pardessus aucun reproche de s'être, à un moment où tout conseillait une marche décidée vers l'apaisement des passions, prononcé pour la clémence.

L'amnistie ne saurait être blâmée que lorsqu'elle emprunte le caractère de la faiblesse et qu'elle constitue une arme nouvelle donnée aux partis qui ne veulent point cesser la lutte.

Mais la résistance de M. Pardessus autorise-t-elle à penser et à écrire qu'il ait agi de la sorte pour satisfaire un besoin personnel de vengeance et de rancune? Nous ne saurions le croire. Un historien, recommandable à bien des titres, et aux paroles duquel sa situation particulière ne laisse pas que de donner un poids considérable, a publié sur ce point les lignes suivantes : « Pour plusieurs membres de la commission, il
» ne s'agissait point d'établir des catégories d'une
» manière abstraite, en quelque sorte, et indépen-
» damment des personnes qui pouvaient s'y trouver
» comprises. *Chacun, au contraire, avait certaines*
» *personnes en vue et voulait établir les catégories de*

» *telle sorte que ces personnes fussent atteintes*[1]. »
Nous ne voulons point rechercher ce que cette assertion peut avoir de fondé en ce qui regarde certains membres de la commission ; mais, pour ce qui concerne M. Pardessus, ces paroles sévères peuvent-elles lui être appliquées ? Elles constituent une véritable accusation historique, qui vient frapper un homme dans ce qu'il a de plus intime, dans son honneur de citoyen, de député, dans sa foi politique !

Or, de motifs personnels à M. Pardessus, il est impossible d'en rencontrer, et les recherches auxquelles nous nous sommes scrupuleusement livré n'ont pu justifier ou expliquer une aussi grave imputation. Sans doute, et nous ne pouvons hésiter à le reconnaître, quoi que cet aveu coûte à notre impartiale sympathie, on peut faire grief à M. Pardessus, dans la question qui nous occupe, d'avoir fait partie du groupe des députés qui se montrèrent, en ces tristes circonstances, plus royalistes que le roi. Mais jamais la sincérité de ses convictions n'a été mise en doute, et si l'on avait pu le détacher de la fraction avec laquelle il vota, en s'arrêtant uniquement à sa profession de foi et à sa déclaration de principes, on se serait gardé de le confondre avec les esprits passionnés qui ne cherchent dans une solution que la satisfaction donnée à leurs rancunes et à leurs antipathies. Plus royaliste

---

[1]. M. Duvergier de Hauranne (*Hist. du gouv. parlem.* t. III, p. 313), qui ajoute en note : « Je ne parle pas par simple conjecture, » ou sur de vagues ouï-dire. Mon père faisait partie de la commission, » et, chaque soir, je le voyais rentrer navré et indigné de ce qu'il » avait entendu. Les détails que je donne ici, il me les a donnés » alors, et ils m'ont trop frappé pour que je ne sois pas certain de » les reproduire avec exactitude. »

que le roi! s'il l'a été dans la question d'amnistie, ce n'était pas pour sacrifier quand même aux vœux de la couronne, car il luttait directement contre elle, il luttait contre la clémence du roi et contre les sentiments intimes de M. de Richelieu et de ses collègues, de M. le baron Pasquier; et il y a d'autant moins de raison de suspecter sa sincérité, qu'à une faible distance de cette époque mémorable nous allons le voir, lui plus royaliste que le roi, se prononcer hautement contre un projet qui avait pour but manifeste d'étendre l'autorité et l'influence du gouvernement royal. Enfin, nous avons rappelé que le discours de M. Pardessus reçut la publique approbation de M. le baron Pasquier, opposé cependant au projet de la commission.

En conséquence, quelle qu'ait été l'opinion de M. Pardessus sur cette question d'amnistie, quelque joie que nous eussions éprouvée à le voir au nombre des partisans de la clémence et de l'oubli, nous persistons à croire qu'il n'est pas possible d'attaquer sa sincérité, et nous repoussons de toutes nos forces une assertion que nous n'aurions pas manqué de dédaigner si la source en avait été moins autorisée.

XXVIII

Du reste, un autre fait, inhérent au précédent, ne contribua pas faiblement à l'espèce de défaveur et d'impopularité dans laquelle M. Pardessus se trouva pour ainsi dire englobé.

La loi dont nous venons de parler exceptait de l'amnistie les individus contre lesquels des poursuites avaient été exercées avant sa promulgation. Dans l'intervalle du vote à cette promulgation, M. le duc de Feltre fit diriger des poursuites contre le général Travot, qui fut condamné à mort par un conseil de guerre. Le barreau de Rennes remplit, dans cette malheureuse affaire, un rôle digne des plus grands éloges. Malgré l'exil dont un de ses membres fut frappé par le gouverneur militaire de la province, malgré les menaces adressées par le général Canuel à trois d'entre eux, seize jurisconsultes, parmi lesquels quatre professeurs de la Faculté de droit, signèrent une consultation chaleureuse en faveur de l'accusé dont le roi commua la peine en celle de vingt années de prison.

Or, le dernier jour de la session, à l'occasion d'une pétition présentée par un avocat de Draguignan, le député des Hautes-Alpes, M. Colomb, s'étant élevé contre les poursuites ordonnées par le duc de Feltre, M. Pardessus, bien que la Chambre demandât le vote immédiat, s'élança à la tribune et voulut montrer ce qu'avait d'inconvenant dans un simple citoyen, de coupable chez un député, d'offensant pour la majesté royale, une attaque contre une condamnation que le roi avait reconnue légitime, puisqu'il s'était borné à commuer la peine. On l'avait entendu s'écrier, quelques instants auparavant, et dans un moment de surexcitation dont les hommes les plus modérés ne sont malheureusement pas exempts : « Notre collègue » avait une *diatribe* à réciter, il a été bien aise d'en » trouver l'occasion ! » Ces paroles émurent tellement la Chambre, que de violents murmures s'élevèrent, accompagnés des cris *A l'ordre!* M. Pardessus s'empressa d'expliquer sa pensée, et, tout en maintenant son expression, lui donna la signification de *déclamation calomnieuse*.

L'impartialité, qui doit être la loi de toute critique sérieuse, nous oblige à rappeler des faits qui font ombre au tableau que nous avons voulu présenter de la vie politique de M. Pardessus.

L'âpreté de ces paroles n'était, certes, pas de nature à faire oublier le rôle qu'il avait adopté dans la discussion de la loi d'amnistie.

Ce qu'il faut penser, en pénétrant au fond des sentiments de M. Pardessus, c'est qu'il était, — à cette époque de prostration et de malaise, au sortir d'une lutte gigantesque qui avait mis en péril toutes les positions, en danger toutes les situations publiques, dans des craintes indicibles toutes les familles, en troublant profondément l'intérêt privé, — c'est qu'il était avide de calme et de sécurité, comme tous ceux qui avaient donné leur vie à la science, à l'industrie, leur vie et leurs ressources aux entreprises de toute sorte. Peut-être craignait-il encore de voir revenir ces temps malheureux qu'un destin foudroyant avait ramenés alors qu'on les croyait à jamais passés. Son langage trahissait sa terreur et il se laissait entraîner à la communiquer à ses collègues, pour tirer d'eux une protestation énergique qui les engageât contre tout retour à l'esprit d'aventure, de conquêtes :

Terruit gentes, grave ne rediret
Seculum Pyrrhæ (1)...

Et pour être convaincu de la vérité de cette appréciation, il faut faire ce que nous avons fait, consulter un de ces hommes, écho d'une génération qui va disparaître, sur le sentiment qui se manifestait à cette époque dans toutes les classes.

---

(1) Horace, *Ode à César Auguste*, Odes, liv. 1, 2.

Or, les appréhensions de M. Pardessus, comme son besoin immense de tranquillité, n'avaient rien de personnel, et la grande majorité de la Chambre était dans une impression identique.

C'est ainsi que l'on peut expliquer la lutte de M. Pardessus contre le ministère. Il voulait tenir le gouvernement en éveil pour qu'une « fatale sécurité », comme il l'a dit lui-même, ne ramenât point un nouveau 20 mars.

Mais ce n'était point, nous le répétons une dernière fois, l'impulsion d'un zèle inconsidéré ni passionné qui le guidait et allait jusqu'à troubler sa liberté de conscience.

Les circonstances donnèrent bientôt, en effet, une preuve manifeste de son indépendance.

XXIX

Le 18 décembre 1815[1], le ministre de l'intérieur, M. de Vaublanc, présenta à la Chambre, sur les élections, un projet de loi d'après lequel l'Assemblée devait se renouveler annuellement par cinquièmes, projet que l'on a fréquemment relevé comme foulant aux pieds les principes les plus élémentaires du droit politique[2], et dont le but évident était de soustraire le gouvernement à la domination de l'Assemblée, en lui donnant le moyen de modifier, immédiatement après la session, le personnel ainsi que l'esprit de la Chambre. La commission, par l'organe de son rapporteur, M. de Villèle, repoussa le renouvellement

---

1. *Moniteur* du 18 décembre 1815.
2. Duvergier de Hauranne, *Histoire du gouv. parlem.*, t. III, p. 357.

par cinquièmes. M. Royer-Collard, cependant, soutint le système ministériel avec une grande force d'argumentation et une véritable éloquence. Son opinion fut combattue énergiquement par MM. Benoist, de Bonald, Trinquelague, Colomb, etc., qui signalèrent ce système comme destructif de toute liberté politique et comme tendant à convertir la Chambre des députés en un grand conseil d'État. M. Pardessus partagea cet avis et le soutint de sa logique puissante. Répondant à ceux de ses collègues qui appuyaient le projet comme favorable à l'influence ministérielle : « — Les » électeurs de mon département, s'écria-t-il, m'ont » dit : *Servez le roi.* Voilà toute ma mission. Ils ne » m'en ont pas dit autant du ministère ! » Belles paroles qui suffiraient à prouver que si M. Pardessus a émis des votes dont le caractère nous surprend aujourd'hui, il n'a jamais aliéné son indépendance. Turgot n'avait pas mieux répondu à Louis XVI réclamant ses services: « Ce n'est pas au roi que je me donne ; c'est à l'hon- » nête homme. »

La discussion fut close le 29 février 1816, et la Chambre se prononça pour le renouvellement intégral.

XXX

Ce fut là, certes, la phase la plus agitée de la vie politique de M. Pardessus. Il était très assidu aux séances et aux réunions des commissions dont il faisait partie ; et cependant, durant toute cette période, il ne suspendit jamais ses leçons à la Faculté de droit.

Doué d'un esprit de suite très remarquable, aussi logique, aussi dialecticien dans la discussion des affaires politiques que dans les questions de droit, M. Pardessus avait la repartie vive, quelque peu acérée, et une facilité d'improvisation expliquée aisément par la nature de ses occupations ordinaires, par le professorat et la pratique du barreau. Il y aurait exagération à prétendre qu'à la Chambre il fut véritablement éloquent. « C'est un grand ridicule, a dit un » illustre écrivain [1], de vouloir attribuer tous les » genres de mérite à l'homme dont on fait l'éloge. » Nous n'entendons pas dire que M. Pardessus fut un orateur saillant, capable d'entraîner une partie de la Chambre par le prestige de sa parole. Non. C'était un député honorable, donnant à sa pensée une expression exacte et de bon aloi, trop modeste et trop loyal pour chercher à l'imposer à l'aide d'artifices de langage ou de raisonnements spécieux. Il était plus apte à grossir et à honorer un parti qu'à le diriger. Quoiqu'il connût et estimât grandement les hommes au milieu desquels il vivait d'ordinaire et qu'ils eussent de sa personne et de son caractère l'idée la plus avantageuse, il ne tentait pas de les dominer, et peut-être, dirons-nous en répétant ce qui a été écrit sur Sieyès [2], peut-être n'avait-il pas ce qu'il fallait pour le faire. Ce qu'il y a de positif, et les souvenirs du temps en font foi, c'est que son opinion avait un poids incontestable et qu'il était assez bien doué pour n'en point amoindrir la portée par l'expression. M. Pardessus se trouvait, du reste, dans les meilleures conditions pour parler d'abondance, si l'on en croit Cicéron qui conseillait aux orateurs de beaucoup écrire, s'ils tenaient à traduire leur pensée avec facilité [3]. Il fit preuve, à

---

[1]. Villemain, *Discours et mélanges littéraires*, Éloge de Montaigne.
[2]. Mignet, *Portraits et notices historiques*, t. I, p. 92, M. Sieyès.
[3]. « *Stilus optimus et præstantissimus dicendi effector ac magister.* » (Cicéron, *de l'Orateur*, liv. I, 33.)

plusieurs reprises, d'une élocution brillante ; il suffirait, pour s'en convaincre, de lire son improvisation relative à la dotation du clergé[1], où ses connaissances spéciales vinrent corroborer si puissamment les arguments que lui suggérait cette question délicate.

Sa personne était estimable à tous les égards. L'illustration de son enseignement, sa science incontestée, son talent de jurisconsulte, en faisaient un de ces hommes qu'un parti est fier de posséder dans son sein et malheureux de perdre ; mais l'on comptait d'autant plus sur sa constance dans la cause royaliste que, tout en le connaissant indépendant par caractère, on savait qu'à l'exemple de Cabanis[2], il ne serait jamais infidèle à aucune de ses opinions, incertain sur aucun de ses devoirs. Cette indépendance, nous venons de voir comment il la comprenait à l'égard des ministres ; elle s'affirmait, du reste, en toute circonstance où il ne s'agissait pas de la prérogative royale et des droits incontestables de la souveraineté. C'est ainsi qu'à propos de la dotation du clergé, on l'entendit critiquer d'un seul mot la position de plusieurs personnages marquants de l'époque et même de ses collègues de la Chambre : « Il y a des » hommes qui cumulent des traitements si considé- » rables[3] ! »

Il n'hésitait donc pas à montrer nettement ce qu'il considérait comme défectueux. Mais il répugnait à mêler à la discussion d'irritantes personnalités ; et s'il lui était arrivé de ne point se préserver suffisamment de l'exagération, il revenait promptement au calme

---

1. Séance du 24 avril 1816 ; *Moniteur* du 26.
2. Mignet, *Portraits et notices historiques*, t. II, M. Cabanis.
3. Séance du 24 avril 1816 ; *Moniteur* du 26.

indispensable à tout examen sérieux et à cette modération qui, chez l'homme intelligent, est le signe de la force. Aussi bien chez les ministres que pour l'opposition, ce qu'il attaquait c'était les actes publics, jamais la personne. et de part et d'autre il rencontrait des doctrines que sa droite raison se refusait à admettre. Il semble qu'à ce moment de sa vie il ait déjà pris pour règle les belles paroles que lui-même allait, quelques années plus tard, graver au frontispice des œuvres d'un grand chancelier de France [1] :

« Les hommes d'État, disait-il, apprendront, en
» lisant ses mémoires, comment on peut faire sentir
» les inconvénients ou même les dangers d'une opi-
» nion sans en attaquer les auteurs; comment un
» esprit droit et sans ambition peut concilier des sen-
» timents contraires et terminer des débats que les
» passions personnelles feraient dégénérer en factions;
» comment, enfin, sans s'écarter d'une fidélité natu-
» rellement gravée dans des cœurs français et plus
» solide encore lorsqu'elle est le fruit de l'étude réflé-
» chie des lois, on peut combattre avec respect cette
» fatale présomption du pouvoir qui, suivant la belle
» expression de Bossuet [2], *se croit dégradé lorsqu'on
» lui montre des bornes.* »

XXXI

Les éloges décernés par M. le baron Pasquier à M. Pardessus, dans une occasion où celui-ci se trouvait d'une opinion diamétralement opposée à celle du

---

1. PARDESSUS, OEuvr. compl. du chancelier d'Aguesseau, Disc. prélim., p. XXXII.
2. Discours sur l'assemblée du clergé de 1682.

chancelier, attirèrent l'attention spéciale de la couronne sur l'homme qui avait déjà donné à la royauté tant de preuves de dévouement. La loi de finances du 28 avril 1816 ayant ordonné la liquidation de l'ancienne caisse d'amortissement à laquelle elle en substitua une nouvelle surveillée par six commissaires, dont deux députés, une ordonnance du 8 mai suivant appela M. Pardessus à ces dernières fonctions, conformément à la candidature formulée par la Chambre, dans la séance du 29 avril. Il devint bientôt secrétaire de la commission, et l'opinion des hommes compétents lui attribua la rédaction du compte-rendu fait aux Chambres, le 23 novembre 1816 [1], compte-rendu dans lequel on rencontre à chaque pas les principes les plus solides sur le crédit public, et qui, après avoir traité de la caisse d'amortissement et de la caisse des dépôts et consignations, se terminait par un projet d'établissement de caisses d'épargne. Le 26 mai, il avait été présenté au roi avec les autres membres de la commission : « Je vous ai confié — leur dit le
» souverain — une mission fort importante; elle ne
» saurait être remise en de meilleures mains. Je suis
» persuadé que vos soins et votre zèle assureront le
» succès d'un établissement qui peut avoir tant d'in-
» fluence sur la prospérité de l'État [2]. »

XXXII

La session de 1815 avait été close le 29 avril 1816. Celle de 1816 devait s'ouvrir le 1er octobre suivant. M. Pardessus ne rentra point alors à la Chambre; les

---

1. *Moniteur* des 21 et 27 novembre 1816.
2. *Moniteur* du 27 mai 1816, p. 607.

colléges électoraux de Blois et de Romorantin le choisirent comme candidat; mais il ne fut point du nombre des 174 députés dont le mandat fut renouvelé par les électeurs.

Il était donc, pour quelque temps du moins, rendu à sa vie de tranquillité et de travail. Il ne reparut plus en 1816 à la Chambre que pour lui donner, le 23 novembre, connaissance de l'exécution de l'œuvre qu'elle lui avait confiée. Le 8 janvier 1817, il présenta la situation de la caisse d'amortissement au 1er janvier de ladite année. Mais bientôt il lui fut impossible de continuer les services qu'il était si disposé à rendre encore en cette matière importante.

Le 8 mars, le ministre des finances, M. le comte Corvetto, fit part à la Chambre des doutes qui s'étaient élevés et qu'on lui avait manifestés sur la légalité de la prolongation des fonctions de M. Pardessus. Son remplacement paraissait nécessaire puisqu'il n'était plus député et que la loi exigeait que deux membres de la Chambre fissent partie de la commission. La Chambre ne se priva pas sans regrets du concours de M. Pardessus : « Nous perdrons, dit M. Piet (séance du
» 10 mars, *Moniteur* du 11), deux collaborateurs
» bien précieux dans la personne de M. Pardessus et
» dans celle de M. le préfet de la Seine. J'ai vu le
» résultat des travaux et du zèle de l'un et de l'autre,
» et je puis dire que tous deux ont une grande part
» aux éloges qu'a pu mériter le rapport qui vous a été
» présenté sur la situation de la caisse d'amortisse-
» ment. » La Chambre décida qu'elle présenterait de nouveaux candidats à l'agrément du roi, et une ordonnance du 19 mars nomma M. Roy en remplacement de M. Pardessus.

Mais il avait donné de ses aptitudes et de ses connaissances une mesure que ses collègues ne pouvaient oublier ; quand il rentra à la Chambre quelques années plus tard, à la première occasion qu'ils eurent de désigner un candidat à la commission de surveillance de la caisse d'amortissement, ils s'empressèrent de le choisir (15 juin 1822).

Le gouvernement, qui rendait pleine justice aux éminentes qualités de M. Pardessus, essaya de le faire rentrer à la Chambre en le présentant aux électeurs du département de la Seine. Son nom figure dans les quinze premiers qui sortirent de l'urne avec le plus grand nombre de suffrages sur trente-huit. Mais il ne fut pas élu, et, de 1817 à 1820, il put librement s'occuper de son cours de droit commercial et des travaux si remarquables qui, ainsi que nous l'avons vu au chapitre précédent, marquèrent d'une façon si brillante cette période de son existence.

XXXIII

Le roi le nomma, en 1820, chevalier de la Légion-d'Honneur. Choisi comme député, la même année, par les électeurs des départements de Loir-et-Cher et des Bouches-du-Rhône, il dut rentrer dans la vie politique. Il avait donné assez de preuves de dévouement à sa ville natale pour qu'elle ne doutât point de la continuation de ses services et de sa sympathie. Son choix ne se fit donc pas attendre. Il se sentait ému de la désignation toute spontanée qu'avaient faite de sa personne les électeurs du Midi, de Marseille, entraînés uniquement par la popularité et l'estime si légitimes que lui avaient conquises sa science de jurisconsulte, la célébrité de son enseignement et ses travaux sur le droit commercial, et persuadés qu'ils ne pouvaient choisir un représentant plus autorisé de de leurs intérêts et de leurs vœux. Le 16 janvier 1821, dans une lettre adressée au président de la Chambre, M. Pardessus déclara opter pour le département des Bouches-du-Rhône, qu'il devait représenter jusqu'en 1830.

XXXIV

Le rôle de M. Pardessus à la Chambre fut des plus actifs, et l'on s'en convaincra facilement si l'on veut faire avec nous l'examen rapide des travaux auxquels il prit part.

Membre de plusieurs commissions appelées, dans la session de 1821, à se prononcer sur des questions de la plus haute importance, telles que l'organisation municipale, les pétitions, la censure des journaux, la presse et le régime sanitaire, il ne négligea aucune occasion d'éclairer la Chambre sur ses véritables sentiments.

Tout projet devait être, à ses yeux, sérieusement écouté, attentivement étudié et discuté, avant d'être converti en loi. « Une fatale expérience, — venait-il
» d'écrire dans le beau discours préliminaire qui pré-
» cède son édition des *Œuvres de d'Aguesseau*[1]. — une
» fatale expérience nous a fait assez connaître les
» suites déplorables de ces improvisations législatives,
» le danger de ces discussions d'un jour, dans les-
» quelles des orateurs plus ingénieux que sages ne
» voient qu'un des côtés de la question, et la décident
» avec la même sécurité que s'ils l'avaient approfon-
» die. » Jamais, dans toute sa vie de législateur, il ne

---

1. Discours préliminaire, p. XLVI.

manqua à ce devoir de creuser les projets de loi soumis aux délibérations de la Chambre, et tous ses votes furent émis, on peut l'affirmer, en pleine connaissance de cause.

M. Pardessus était l'homme de la légalité.

Il apportait sur ce point, dans toute discussion, un esprit animé de la logique la plus rigoureuse, la plus inflexible. Sans doute, comme tout homme intelligent, soucieux du progrès, le désirant, il avait ses vœux, ses aspirations ; mais il croyait qu'ils ne pouvaient être formulés qu'en temps opportun, et que jusqu'au moment de leur réalisation, il importait que la loi en vigueur, même reconnue défectueuse, fût scrupuleusement respectée. C'est dans ce sens que, le 19 mai[1], il affirmait ses principes au sujet d'une pétition présentée à la Chambre, tendant à faire créer des colléges spéciaux pour la jeunesse protestante, en appuyant l'ordre du jour proposé. Il rappela que la législation par laquelle se trouvait réglée la surveillance religieuse des écoles, était la législation impériale de l'Université à laquelle lui-même avait prêté serment en 1810, comme professeur de droit commercial, et que la Charte avait déclaré maintenir.

Dans une autre circonstance où l'on proposait à la Chambre de réviser la législation sur le jury, M. Pardessus déclara qu'il n'avait pas l'intention de repousser les améliorations dont cette législation pourrait paraître susceptible ; mais il insista pour que la loi fût religieusement exécutée et respectée tant que ces améliorations n'auraient pas été signalées d'une manière précise, en sorte que la Chambre fût mise à même de les apprécier et de les discuter mûrement.

---

1. *Moniteur* du 21 mai 1821.

Animé par le débat, et portant un jugement sévère sur l'Assemblée Constituante, il se vit violemment interrompu par une fraction de la Chambre. — « Je » ne m'effraie, s'écria-t-il, ni des interruptions, ni des » murmures ; j'ai la parole et je la conserverai. » C'était encore cette énergie acerbe et légèrement irritante que nous avons déjà rencontrée chez M. Pardessus, lorsqu'il défendait la décision royale intervenue dans le procès du général Travot. Puis il déclara que personne, à son avis, ne pouvait être admis à faire l'éloge d'une assemblée « qui avait proclamé » *le dogme absurde et antisocial de la souveraineté du peuple* », ajoutant, après de nouveaux murmures, que c'était là « *un crime politique et que l'avenir confirmerait son opinion*[1]. »

Reconnaissons-le, M. Pardessus se trompait en escomptant l'avenir qui lui a donné tort, comme lui-même put l'apprécier, du reste, aux dernières années de sa vie. Mais, à quelque opinion qu'on appartienne, on ne peut qu'être ému aux accents chaleureux de ce royalisme convaincu, qui ne reconnaît pas d'autre principe de gouvernement et d'autorité que celui de la royauté confondue dans la patrie, et qui se manifestait hautement à une époque trop éloignée de nous et trop opposée aux mœurs politiques actuelles sur certains points, pour que nous essayons de le discuter. Plus tard, après avoir été reçu en audience particulière par son souverain, qui l'avait nommé président du collége électoral du premier arrondissement de Loir-et-Cher (6 et 14 septembre 1821), il ne manqua pas, dans son discours d'ouverture du collége, de protester à nouveau contre ce qu'il appelait « *les*

---

1. Séance du 2 février 1821, *Moniteur* du 3.

» *maximes antisociales de l'insurrection et de la*
» *souveraineté du peuple,* » partisan convaincu des
idées de d'Aguesseau sur le même sujet [1].

Nous le répétons une dernière fois, il serait injuste de s'offenser des principes politiques de M. Pardessus sur une question qui, aujourd'hui et au fond, semble ne plus avoir de dissidents. Pour M. Pardessus, le roi c'était la France, la patrie régénérée, sauvée du despotisme ; le salut du pays ne pouvait résider que dans le système monarchique entouré d'institutions libérales et s'appuyant sur les conquêtes définitivement arrêtées de la Révolution, telles qu'il les rappelait hardiment à l'Empereur dans la belle adresse de l'École de droit de 1815 (*supra*, XXIV); telles qu'il les avait encore revendiquées à la Chambre dans sa profession de foi du 3 janvier 1816 (XXVI); telles enfin qu'il les affirmait à nouveau, trois ans après, au frontispice des *OEuvres de d'Aguesseau*.

XXXV

Mais, comme nous avons pu déjà l'apprécier, M. Pardessus ne confondait point le pouvoir des ministres avec la puissance et les prérogatives du souverain, et, dans plusieurs discussions, il donna preuve à cet égard de la plus entière liberté d'opinion. Dans son dévouement à la royauté, il n'allait pas jusqu'à se soumettre sans contrôle à l'influence ministérielle, et il confirma, en maintes circonstances, les nobles paroles qu'il avait fait entendre lors des débats du projet de loi électorale (XXIX). C'est ainsi que, dans la séance du 8 mai 1821, après avoir sou-

---

[1]. *OEuvres complètes de d'Aguesseau*, Disc. prélim., p. XLV.

tenu que les lois d'exception étaient, à une époque critique, nécessaires au maintien de l'autorité, bien qu'il déclarât désirer que la triste occasion ne s'en produisît point, il n'hésitait pas à demander, quant aux complots qui viendraient porter atteinte à cette autorité, que l'on mît en accusation les ministres qui ne poursuivraient pas ces complots [1].

C'est ainsi encore qu'en 1822, dans la discussion du projet de loi sur les délits de presse, et à propos de l'article 4, en soutenant l'amendement de la commission dont il faisait partie, et qui tendait à ce qu'on maintînt intact le droit de discussion et de censure des actes du ministère, il prit texte de cet amendement pour établir à nouveau la distinction, nettement arrêtée dans son esprit, entre les ministres et le gouvernement [2].

Dans les débats si animés, si violents de cette dernière loi, M. Pardessus fit preuve de la plus grande modération et d'un talent d'argumentation qui lui valut à plusieurs reprises les félicitations de la Chambre. Lorsqu'il demanda, avec la commission, qu'en outre des peines édictées par la loi, les tribunaux fussent autorisés à suspendre ou supprimer les journaux, il ne manqua pas (et l'on est heureux de rencontrer, chez un homme ordinairement animé du plus profond respect pour la légalité et la propriété, ce tempérament à une opinion extrême), il ne manqua pas d'observer que cette mesure, ne se présentant qu'après une condamnation judiciaire suivie de l'application d'une peine, ne pouvait avoir un caractère

---

1. *Moniteur* du 9 mai 1821.
2. *Moniteur* du 30 janvier 1822.

politique[1]. La Chambre, néanmoins, ne fut pas convaincue et rejeta la mesure proposée, après un remarquable discours de Benjamin Constant.

On voit assez combien M. Pardessus se montrait circonspect et avait à cœur de ne point froisser les sentiments déjà bien surexcités d'une fraction de la Chambre.

Il ne se départit point de cette dignité dans les circonstances les plus critiques. A la séance du 30 janvier 1822, et lorsque l'Assemblée s'occupait de l'article 5 du projet de loi sur la presse, concernant la diffamation envers les cours et tribunaux, M. Manuel ayant réclamé, dans ce langage animé, quelque peu provoquant qu'il apportait à la discussion, le droit d'examiner la conduite des magistrats, surtout depuis l'époque « où le gouvernement avait senti le besoin » de trouver non pas des juges, mais des créatures, » M. Pardessus, qui venait d'être nommé conseiller à la Cour de cassation, ne releva point tout ce que cette accusation renfermait d'injurieux à l'adresse d'un certain nombre de députés, et se contenta d'établir, au nom de la commission, que les corps collectifs avaient autant de droits à une protection légale que les particuliers.

Le 8 février 1822, il lut à la Chambre un excellent rapport sur le projet de loi relatif à la police sanitaire, qui fut adopté le 22 avec les amendements de la commission.

C'est ainsi que la situation de M. Pardessus se fortifiait de plus en plus parmi ses collègues, qu'il trouvait toujours disposés à profiter de ses travaux. On comprend que nous ne puissions le suivre dans

---

1. *Moniteur* du 3 février 1822.

toutes les questions à l'examen desquelles il prit part, et que nous devions nous borner à mettre en saillie sa personnalité et ses actes dans celles qui, aujourd'hui encore, nous offrent quelque intérêt.

XXXVI

Le fait le plus important de la session de 1823 par les souvenirs qu'il a laissés et les appréciations diverses qu'il a soulevées, fut sans contredit l'exclusion du député de la Vendée, M. Manuel.

Le projet d'intervention armée en Espagne et la demande à la Chambre, pour réaliser ce projet, d'un crédit extraordinaire, donnèrent lieu aux débats les plus orageux (26 février). Rappelé à l'ordre pour une expression dont il s'était servi en combattant la proposition, Manuel tenta vainement de se justifier ou d'expliquer sa pensée. M. de La Bourdonnaye, toujours extrême, demanda l'expulsion du député de la Vendée. Cette demande, prise en considération par la Chambre, fut discutée le 3 mars, sur le rapport d'une commission dont M. Pardessus faisait partie et qui conclut à l'exclusion du député. La Chambre prononça cette exclusion pour la durée de la session.

On sait ce qu'il advint par la suite et les germes profonds de division que cette malencontreuse question jeta au sein de la Chambre. Mais il n'est pas inutile de faire remarquer que, dans toute cette discussion, M. Pardessus, qui avait souvent combattu les opinions de M. Manuel, et qui mettait d'ordinaire autant d'ardeur à lui répondre que le député de la gauche en apportait lui-même dans ses attaques contre le pouvoir, conserva le calme le plus complet et le silence le plus absolu. Peut-être avait-il été frappé de ce que présentait d'irrégulier ou d'inconvenant dans les mœurs parlementaires la nomination comme rapporteur du député même qui avait fait la proposition d'exclusion, de M. de La Bourdonnaye ; peut être souffrait-il de voir la majorité de la Chambre attenter ainsi à sa propre inviolabilité et ses collègues se décimer eux-mêmes ; toujours est-il que, quels que fussent ses sentiments, on ne le vit point aggraver par une seule observation la position déjà si critique du député vendéen.

XXXVII

Il reconnaissait, du reste, qu'à cette époque de crise le calme devait naître bien plus sûrement de l'oubli et de la modération que des violences et des reproches mutuels que s'adressaient incessamment les divers partis à la Chambre et dans la presse. Le discours qu'il prononça à l'ouverture de son cours, le 9 novembre 1824[1], se ressentit de cet esprit de conciliation, et la situation politique avait pris, à la suite de la guerre d'Espagne, un tel caractère de lutte et d'animation réciproques, que les recommandations qu'il adressait à ses élèves en 1820 (*suprà*, XIII) et son appel à la concorde étaient devenus infiniment nécessaires.

Les royalistes, heureux du rétablissement de l'ordre en Espagne, trouvaient une autre occasion de se réjouir dans la naissance de l'héritier du trône, en même temps que l'assassinat du duc de Berry laissait dans leur âme une sourde irritation contre les menées révolutionnaires. Le pouvoir était tenu en éveil par

---

1. *Moniteur* du 20 novembre 1824.

les tentatives réitérées des conspirateurs. L'opposition, froissée de la non-admission de M. Grégoire comme député, de l'exclusion de Manuel, de la guerre d'Espagne, des mesures législatives adoptées par la Chambre, telles que la loi sur le sacrilège, l'établissement des cours prévôtales, la loi sur les cris séditieux, celle sur la presse, etc., etc., jetait sans cesse en avant les premiers actes qui avaient suivi la rentrée des Bourbons, l'exécution du maréchal Ney, de Labédoyère, les massacres du Midi, et, par une comparaison toujours répétée des actes de la Restauration avec ceux de la Révolution, entretenait dans la Chambre une irritation qui se faisait jour à chaque instant et à tout propos. Enfin, le ministère voyait sa situation attaquée non-seulement par les hommes éminents du côté gauche de l'assemblée, tels que le général Foy, Manuel, Benjamin Constant, Royer-Collard, etc., mais encore par une fraction de royalistes qui ambitionnaient le pouvoir ou considéraient tout acte de modération du gouvernement comme une concession faite à l'esprit révolutionnaire.

Tel était l'état de la Chambre en 1824.

L'assemblée ne s'en occupa pas moins de questions intéressantes, à la discussion desquelles M. Pardessus ne manqua pas de donner son attention. De ce nombre étaient les projets de loi relatifs à la réduction des rentes et à la retraite des juges atteints d'infirmités.

Dans le premier, M. de Séguret proposa un amendement consistant à reconnaître aux rentiers le droit de ne recevoir le remboursement de leur capital qu'en un payement intégral, en espèces métalliques, six mois après l'option qui aurait été faite par eux entre le remboursement et la réduction de la rente. Cet amendement fut rejeté. Le gouvernement répondit avec juste raison que le morcellement qu'on voulait prohiber n'étant pas légal, il n'y avait pas à le redouter. M. de Séguret ayant insisté pour qu'une déclaration explicite fût faite à cet égard pour rassurer complètement les rentiers, M. Pardessus s'y opposa, en faisant remarquer qu'une telle déclaration dans la loi permettrait de supposer que le gouvernement ou l'État s'était cru en dehors du droit commun, puisque la loi commune voulait que l'État ne pût rembourser ses créanciers qu'en totalité [1].

Dans le second projet, relatif à la retraite des magistrats atteints d'infirmités et qui aboutit à la loi du 16 juin 1824, M. Pardessus présenta d'excellentes observations sur l'indépendance de la magistrature et sur la nécessité de venir en aide aux juges sans blesser cette indépendance. Il fit comprendre que le projet ne pouvait porter atteinte à leur inamovibilité, puisque les garanties les plus larges leur étaient données.

XXXVIII

Ce fut dans le courant de cette année 1824 que M. Pardessus, profitant des loisirs que lui laissaient la Chambre, la Cour de cassation et l'École de droit, pour réaliser un vœu formé depuis longtemps, voulut aller remercier les électeurs des Bouches-du-Rhône du mandat qu'ils lui avaient confié en 1820 et renouvelé en 1824.

L'occasion était, du reste, des plus opportunes pour eux comme pour lui. Dans la séance du 20 juillet, et lors d'une discussion relative à l'en-

---

1. Séance du 3 mai 1824.

trepôt de Marseille, M. Pardessus avait soutenu les intérêts de cet entrepôt dans une brillante improvisation, dont la Chambre ordonna immédiatement l'impression. Quand il se rendit à Marseille, au mois de septembre suivant, il y reçut l'accueil le plus chaleureux et le plus cordial. Bien que dans une telle démarche il n'y eût chez M. Pardessus aucun désir de brigue et de sollicitation, et qu'il voulût conserver à sa présence au milieu des Marseillais le caractère d'une fête de famille d'autant plus intime que le choix des électeurs, ainsi que nous l'avons dit, avait été tout spontané et comme un hommage naturellement rendu à ses talents, à ses connaissances et aux services qu'en retiraient chaque jour le commerce et l'industrie, il ne put faire que les feuilles publiques gardassent le silence sur sa personne, et que le *Moniteur* ne se rendît l'écho des sentiments des Marseillais [1].

M. Pardessus rentra à la Chambre soutenu par les vœux de ses électeurs, et plus que jamais décidé à consacrer à la chose publique tout le temps que lui laissaient ses importantes fonctions. Il eut bientôt l'occasion de signaler ses aptitudes spéciales et son ardeur aux questions sérieuses.

XXXIX

Le gouvernement de la Restauration voulut reprendre, en 1824, un projet dont l'Empire s'était occupé, et qui consistait à porter la lumière dans la diffusion des lois et règlements en vigueur en dehors de nos codes, par la codification de ces lois et règlements. L'avis du Conseil d'État du 7 janvier 1813,

---

[1]. *Moniteur* du 23 septembre 1824.

relatif au recueil des lois de l'Empire, avait signalé l'opportunité, pour la commodité des fonctionnaires et des citoyens, d'une collection des dispositions du Bulletin des lois réputées en vigueur et d'une application usuelle. Le recueil devait se faire, sous l'autorité et la surveillance du grand-juge, ministre de la justice, par des magistrats ou jurisconsultes de son choix, suivant l'ordre des matières, avec une table générale détaillée. L'avis du Conseil d'État est formel à cet égard.

Sur le rapport du garde des sceaux, le roi rendit, le 24 août 1824, une ordonnance qui instituait une commission de révision, chargée de vérifier et de colliger les arrêtés, décrets et autres décisions réglementaires antérieures à 1815. Cette commission devait proposer successivement, d'après l'ordre des matières, des projets d'ordonnances portant abrogation explicite et définitive de celles de ces décisions qu'elle jugerait ne pas devoir être maintenues, et, dans le même ordre, des projets d'ordonnances destinées à remplacer celles dont les dispositions auraient été reconnues utiles et dignes d'être conservées.

La commission était composée de douze membres et d'un secrétaire. M. Pardessus fut désigné pour en faire partie.

Cette ordonnance, constatons-le immédiatement, soulevait bien des difficultés pratiques. Elle ne pouvait, en effet, s'appliquer qu'aux actes réglementaires, puisqu'il était alors, comme il est aujourd'hui, de principe qu'une ordonnance ne peut porter atteinte à des lois, soit en les abrogeant, soit en les modifiant. D'autre part, il existait un certain nombre de décrets impériaux qualifiés inconstitutionnels ; les comprendrait-on dans la collection? Enfin, il ne paraissait pas possible de coordonner les règlements, sans coordonner au préalable les lois sur la même matière.

M. Pardessus, chargé de la partie commerciale de la compilation, se mit bientôt à l'œuvre et put présenter à la commission un travail d'ensemble comprenant la législation commerciale, la navigation maritime et les dispositions pénales s'y référant.

Mais ce n'était là qu'une partie de l'œuvre.

Nous qui, pendant plusieurs années, avons étudié spécialement tout ce qui concerne la législation criminelle, les lois, décrets ou règlements maintenus formellement en vigueur par l'article 484 du Code pénal[1], nous savons quelles recherches immenses impose une collection complète de ces lois, et nous avons pu de même, dans la pratique du barreau près d'un tribunal de commerce des plus importants, apprécier combien nombreuses sont les lois et dispositions réglementaires appliquées journellement dans le droit maritime[2].

Ce n'est point, cependant, le lieu de traiter à fond un sujet aussi vaste, et nous nous bornerons à exprimer notre conviction que, si difficile que soit le travail demandé en 1824, — comme il le serait aujourd'hui avec une plus grande raison, puisque, d'une part, l'article 484 du Code pénal a été maintenu tel quel par les révisions de 1832 et de 1863, puisque, d'autre

---

1. *De la codification des lois criminelles concernant les matières non réglées par le Code pénal et d'un projet de Code des pénalités*, Paris, 1865. — *Code d'audience, code pénal avec toutes les lois qui en ont modifié le texte, et dispositions spéciales*, Paris, 1865.

2. H. ÉLOY ET J. GUERRAND, *Des Capitaines, maîtres et patrons, ou Traité de leurs droits et obligations au point de vue commercial, civil, administratif et pénal*, Paris, Guillaumin, 1860, 3 vol. in-8°.

part, un décret du 4 mars 1852 a proclamé le maintien des ordonnances, règlements et arrêts du Conseil, concernant la marine antérieurs à 1789, auxquels il n'a point été dérogé, — si difficile, disons-nous, que soit la réalisation de ce projet, elle n'est point impossible.

La commission, du reste, comprenait la haute utilité de la proposition et ne doutait point qu'on pût la mener à exécution. Réunir sur chaque matière tous les documents existants, les coordonner d'une manière claire et méthodique, puis, rassemblant ces éléments épars, en former un corps complet de législation dans lequel le magistrat et le simple citoyen pussent trouver facilement, l'un les bases de ses jugements, l'autre les règles de sa conduite[1], c'était là une mission que Beccaria, Bentham et Bacon avaient comprise, et que des hommes aussi éminents et aussi pratiques que MM. de Vatimesnil, Pardessus, de Pastoret, Portalis, etc., étaient capables de remplir.

Bacon demandait que l'ensemble du droit constituât « une sorte de magasin destiné aux usages journaliers[2]. » Beccaria voulait que « le texte des lois formât un livre familier, une sorte de catéchisme », livre écrit en langue vulgaire, à la portée de tous les citoyens[3]. Enfin, chacun sait que si « la première qualité d'un peuple qui aspire à un gouvernement libre est le respect de la loi[4] », ce respect ne peut être obtenu plus sûrement que par la vulgarisation de la loi.

---

1. DUVERGIER, *Collection des lois*, sous l'ordonnance du 24 août 1824.
2. *Dignité et accroissement des sciences*, liv. VIII, chap. 3.
3. *Traité des délits et des peines*, § 5.
4. NAPOLÉON III, *Des idées napoléoniennes*, Ed. Temblaire, p. 220.

La commission ne manqua pas de s'inspirer de ces idées et de ces principes, et il est très regrettable que, malgré de sérieux obstacles, cette œuvre si utile de la codification n'ait point été exécutée. Le rapport qu'elle adressa au roi, le 24 décembre 1825, émettait des idées plus larges et d'une réalisation plus facile que celles qui étaient la base de l'ordonnance de 1824; outre qu'il renfermait des données plus juridiques sur l'abrogation des lois qui ne pouvait s'effectuer par des ordonnances, et sur le maintien des lois antérieures qui, par leur caractère même de lois, ne sauraient être valablement remplacées par des ordonnances.

Diverses causes interrompirent ce travail; mais comme il n'est jamais trop tard pour accomplir ce dont l'utilité est reconnue incontestable, nous appelons de tous nos vœux le moment où il sera repris pour ne plus faillir dans son exécution. Le grand orateur romain l'a dit avec raison, c'est plutôt l'ignorance du droit que sa connaissance qui engendre les procès [1].

C'était donc une grande idée que celle qu'avait eue le gouvernement de la Restauration, en reprenant et en étendant le projet impérial.

Dans la séance du 18 avril 1829, et à propos d'une pétition relative à la révision des lois antérieures, l'ordre du jour fut prononcé par la Chambre, attendu que les vœux exprimés par les pétitionnaires se référaient à un objet déjà soumis à une commission nommée par l'ordonnance des 20-24 août 1824. M. Marchal interpela les ministres sur le point de savoir quelle suite la commission avait donnée au projet; M. Pardessus répondit que chacun des mem-

---

[1]. « *Potius ignoratio juris litigiosa est quam scientia.* » (Cicéron, *Des lois*, liv. 1, 6.)

bres de la commission se livrait isolément à la partie du travail qui lui avait été confiée, sauf à la soumettre à l'examen et à la délibération de la commission tout entière, que les travaux de la Chambre et les occupations personnelles de ses membres empêchaient de se réunir fréquemment. En outre, l'immense quantité des documents rendait le travail très long et très difficile, et il arrivait même parfois que l'œuvre de plusieurs mois devenait inutile à la suite d'une loi nouvelle, comme cela venait de se présenter pour les lois forestières et les lois sur la pêche en conséquence du vote des deux dernières lois (Code forestier et loi du 15 avril 1829). M. Pardessus ajouta, en terminant, qu'il croyait pouvoir assurer que les deux tiers de cet immense travail étaient achevés, et que la bonne volonté ne manquerait pas à la commission pour répondre à la confiance du roi et aux vœux de la Chambre.

L'ordre du jour fut adopté, et depuis lors il ne fut plus question à la Chambre du projet si important de la codification des lois en vigueur en dehors de nos codes.

Voici, du reste, ce que M. Pardessus a dit plus tard à ce sujet, en rendant compte de l'ouvrage de M. Victor Foucher sur les *Lois civiles et criminelles des États modernes*[1] :

« Les lois maritimes avaient un caractère général
» et ne laissaient rien à l'empire des anciennes cou-
» tumes locales. A la vérité, comme elles avaient été
» souvent changées et modifiées, qu'elles étaient en-
» fouies et comme perdues dans une immensité d'actes
» temporaires et sans intérêt, il était à désirer qu'on

---

1. *Journal des savants*, octobre 1842, p. 628.

» les en exhumât et qu'on les coordonnât: Ce fut
» l'objet qu'eut en vue une ordonnance du 20 (24)
» août 1824. Si le travail prescrit et *presque achevé*
» par la commission que cette ordonnance avait ins-
» tituée, n'avait pas été arrêté, puis entièrement
» délaissé, nous ne serions pas réduits à chercher le
» complément de notre législation dans plus de cent
» volumes de collections et du Bulletin des lois. »

Enfin, M. Pardessus est encore plus explicite, au mois de novembre 1842, sur le même sujet, et nous apprend la situation exacte de la question à la séparation des députés en 1830. Nous devons nous borner à reproduire les renseignements qu'il nous fournit [1]:

« Un travail beaucoup plus analogue, — dit-il en
» parcourant à nouveau l'ouvrage de M. Victor Foucher
» et en s'arrêtant à la législation russe, — et même
» identiquement semblable au *swood*, est celui qu'exé-
» cutait en France la commission nommée par l'or-
» donnance du 20 août 1824, sur la proposition de
» M. de Peyronnet, pour extraire des collections les
» dispositions des lois rendues depuis 1789, qui
» étaient encore en vigueur, et proposer la nomen-
» clature de toutes celles qui étaient ou devaient
» être considérées comme abrogées. Cette commis-
» sion, dont je n'ai pas le droit de faire l'éloge, puis-
» que j'avais l'honneur d'en faire partie, travailla
» gratuitement, pendant six années, jusqu'à deux et
» trois jours par semaine. Tout ce qui était de nature
» à se rattacher à chacun de nos cinq codes forma
» autant de divisions où les dispositions extraites
» étaient rangées par ordre de matières ; tout ce qui
» ne se rattachait pas au code fut classé d'après les
» attributions des divers ministères qu'elles concer-

---

1. *Journal des savants*, novembre 1842, p. 700, 701.

» naient. Chaque disposition des lois ou des actes du
» gouvernement, textuellement transcrite, était sui-
» vie de l'indication de l'acte où elle avait été puisée ;
» le texte était respecté, sans autres corrections que
» celles que commandaient des lois ou des institu-
» tions postérieures.

» En se séparant, après les événements de juillet
» 1830, qui ne lui permettaient plus de continuer
» *son travail presque terminé,* la commission me
» chargea de rédiger l'exposé de son plan et de ses
» travaux. Cet exposé fut imprimé au mois de mars
» 1831, après que la commission l'eût discuté et
» adopté.

» ... Le *swood* de Russie est achevé, promulgué ; *les*
» *travaux presque terminés* de la commission fran-
» çaise ont été abandonnés et sont oubliés avec leurs
» auteurs. »

On voit que M. Pardessus nous fournit lui-même
l'exposé d'un travail que nous ne pouvions personnellement résumer, puisqu'il n'a jamais été publié.
Nous regretterions vivement qu'une œuvre aussi importante fût définitivement abandonnée.

XL

M. Pardessus avait été nommé conseiller à la Cour de
cassation et chevalier de l'Ordre de la Légion-d'Honneur
en 1820. La bienveillance royale ne s'arrêta pas à ces
faveurs si méritées. On sait que l'un des premiers
actes du gouvernement des Cent-Jours avait été la
suppression des ordres royaux de Saint-Louis, de
Saint-Michel et du Saint-Esprit (décret du 13 mars
1815). Une ordonnance du 16 novembre 1816 réta-

blit l'ordre de Saint-Michel « spécialement destiné à
» servir de récompense et d'encouragement à ceux
» qui se seraient distingués dans les lettres, les scien-
» ces et les arts, ou par des découvertes, des ouvrages
» et des entreprises utiles à l'État. » Les travaux de
M. Pardessus le désignaient naturellement au souverain ; il fut nommé chevalier de l'ordre de Saint-
Michel en 1823, puis, et à la suite de sa collaboration
si active à la réalisation du projet de codification
dont nous venons de parler, en 1825, officier de l'Ordre de la Légion-d'Honneur.

XLI

La session de 1825 fut, en ce qui touche la situation de M. Pardessus, la plus importante, aussi bien
par le nombre des travaux que lui confia la Chambre,
que par la gravité des questions dont il eut à s'occuper avec elle ; et nous devons d'autant mieux nous
arrêter à cette partie de sa vie politique, que la plupart des projets soulevés ou résolus ont ou conservé
un grand intérêt historique, comme la loi sur l'indemnité accordée aux émigrés, la réclamation des
anciens colons de Saint-Domingue, ou produit des
documents aujourd'hui précieux sur des points qui
n'ont pas cessé d'agiter les esprits, tels que l'intérêt
de l'argent, la propriété littéraire et artistique, etc.

Il est peu de lois qui aient donné lieu à une discussion aussi ardente, aussi passionnée, et sur lesquelles les partis aient dépensé autant d'attaques,
autant de reproches réciproques, que la loi sur l'indemnité accordée aux émigrés. Pour les uns, ce ne
fut qu'un grand acte de justice destiné à réparer autant
que possible le préjudice causé, à une époque désas-

treuse, à une certaine classe de la société ; pour d'autres, ce fut un acte d'hostilité envers la France, à qui l'on faisait solder la fidélité intéressée des émigrés, et la glorification publique, légale, officielle, de la connivence avec l'étranger contre la patrie. Pour une partie de la Chambre, désintéressée personnellement dans la question, c'était la cicatrisation tardive, mais encore efficace, de profondes blessures, et l'égalité rétablie entre les classes par un acte souverain du pouvoir législatif, des mandataires du pays ; pour une autre fraction, c'était l'occasion ardemment désirée de réparer le mauvais état de ses affaires[1]. Enfin, aux yeux de l'opposition, c'était un défi jeté à la France libérale par les hommes du passé, une critique flagrante de la Révolution, un nouveau tison de discorde lancé au sein de la nation.

Le lieu serait mal choisi de discuter cette loi au point de vue politique ou philosophique. Ce que nous devons rechercher, c'est la position qu'eut M. Pardessus dans des débats qui ne durèrent pas moins de deux mois et aboutirent à la loi des 27-28 avril 1825.

Le lundi 3 janvier 1825, M. de Martignac présenta à la Chambre un projet de loi tendant à accorder une indemnité aux anciens propriétaires de biens fonds confisqués et vendus au profit de l'État sous le gouvernement révolutionnaire, et développa les considérations qui avaient porté la couronne à soumettre ce projet à l'appréciation des députés.

---

1. Guizot, *Mémoires*, t. I, p. 298 : « L'indemnité aux émigrés comblait les vœux et réparait les affaires *du côté droit laïque tout entier.* » Est-il utile de signaler, dans ce passage de l'illustre historien, l'exagération que nous avons déjà rencontrée chez M. Duvergier de Hauranne (*suprà*, XXVII), et de protester, notamment, en ce qui concerne M. Pardessus?

Le 14 janvier, une commission fut nommée ; M. Pardessus fut désigné par le premier bureau, puis choisi comme rapporteur par la commission. Il déposa son rapport dans la séance du 11 février (*Moniteur* du 12). Il discutait d'abord, et avec une certaine étendue, le principe de l'indemnité ; puis il examinait le mode de répartition et terminait par un appel chaleureux à l'oubli des dissensions et à la conciliation que devait faciliter ce grand acte du règne de Charles X : « Réunissez-vous pour vous aimer, s'écriait-
» il, au lieu de vous diviser pour vous combattre ; il
» est temps de sceller, par un grand acte de justice,
» la réconciliation de tous les Français. Il importe
» que l'Europe acquierre la certitude que si, dans une
» matière aussi grave, les avis peuvent être différents,
» les cœurs s'entendent et les sentiments se répon-
» dent. »

Le capital de l'indemnité à accorder, compte opéré des ventes et défalcation faite des sommes payées par l'État à la décharge des émigrés, pour dettes, reprises, frais, etc., s'élevait à 987 millions de francs. Le projet en demandait le remboursement par cinquièmes annuels, à partir du 22 juin 1825, à l'aide de l'inscription sur le grand-livre de la dette publique de 30 millions de rente trois pour cent formant en capital 1 milliard.

La discussion s'ouvrit le 17 février.

La liste des orateurs inscrits dès le 12 pour défendre ou attaquer le projet permettait de prévoir une grande vivacité dans la lutte. Chose qui étonna tout d'abord, c'est que le projet ministériel rencontrait des adversaires parmi les royalistes mêmes de l'extrême-droite, qui, comme MM. de La Bourdonnaye et de

Beaumont, voyaient dans la loi une scandaleuse consécration des actes arbitraires du pouvoir révolutionnaire, et demandaient soit un nouvel examen, soit l'allocation de l'indemnité aux acquéreurs eux-mêmes, qui devraient, dès lors, rendre purement et simplement les biens aux propriétaires originaires. Adversaires de M. de Villèle, ces députés blâmaient ouvertement un projet qui avait nécessairement pour but, à leurs yeux, ou tout au moins comme résultat certain, de faire passer par ses mains, sans responsabilité, sans contrôle, une somme énorme de la fortune publique. C'est ainsi qu'il faut expliquer la présence, à côté des noms très connus des opposants ordinaires, le général Foy, Benjamin Constant, de Girardin, Casimir Périer, etc., d'autres noms que l'on rencontrait toujours dans la liste des défenseurs des actes royaux, ceux de MM. de La Bourdonnaye, Duplessis de Grenedan, de Beaulieu, de Cambon, etc.

La lutte fut aussi brillante dans la forme que sérieuse au fond, et il n'est point dans l'histoire de la Restauration d'époque qui présente un intérêt plus palpitant. A MM. Labbey de Pompières, Méchin, Basterèche, de Beaumont, qui combattirent le projet de loi, soit parce qu'il favorisait une classe de citoyens en imposant une lourde charge, un injuste fardeau aux autres, soit parce qu'il était de nature à entraîner de terribles représailles, soit parce qu'il respectait légalement la situation des acquéreurs au lieu de les frapper dans leur propriété illégitime, soit, enfin, comme voulut l'établir M. Devaux, parce que si l'allocation était une dette, elle était trop faible, tandis qu'elle était trop forte si elle constituait une libéralité ; à ces orateurs succéda, le 21 février, le général Foy, avec son éloquence impétueuse et sa logique

impitoyable. Au milieu des applaudissements de la gauche et des murmures du côté droit, il montra les émigrés rentrant en France à la suite de l'étranger, maîtres dans la Chambre et se créant un droit par leur majorité même. Mais il sut émouvoir l'assemblée tout entière lorsqu'il fit appel à tous pour la destruction des partis, qu'il convia à la réconciliation par le retour du calme et l'anéantissement des causes d'animosité, et qu'il montra le roi se tenant en dehors de toute opinion pour ne suivre que celle de l'universalité des citoyens. Or, l'opinion générale sur l'indemnité, c'était celle-ci : « En même temps qu'elle
» accablera l'État de charges monstrueuses, cette
» grande mesure de l'indemnité ne procurera aucun
» des biens que l'esprit de conciliation en attendait. »

M. de Villèle répondit que l'indemnité était le complément de la Restauration, une mesure de concorde, bien faible si on la comparait à la perte réelle, et que l'émigration avait eu pour résultat de ramener les rois légitimes et de nous affranchir de l'étranger sans effusion de sang. Sans doute nous aurions vaincu ; mais au prix de quels sacrifices ! au prix de combien de sang et de dévastations ! « Notre affran-
» chissement de l'étranger, sans convulsion et sans
» honte, nos libertés publiques, le retour de la paix
» générale, la prospérité et le bonheur dont nous
» jouissons, nous le devons à l'émigration, qui nous
» a conservé nos princes !... Il est donc d'un intérêt
» général de réparer les maux qu'elle a soufferts. »

Ainsi s'exprima M. de Villèle. Mais la passion se mêla bientôt à la discussion. M. Duplessis de Grenedan, adversaire du projet, demanda la restitution pure et simple des biens confisqués et vendus, sans dédommagement. Il s'oublia jusqu'au point de donner à ces biens la qualification de *biens volés*, et ces paroles irritantes soulevèrent dans la Chambre une tempête d'interruptions et de murmures. M. Dupont de l'Eure s'opposa à la loi dans un langage très réservé. Enfin, M. Pardessus résuma la discussion générale à la séance du 24 février[1]. Il commença par rappeler l'opportunité de la mesure proposée en présence de la bonne situation des finances, de sa légitimité en tant que destinée à réparer les effets de la confiscation révolutionnaire, et s'attacha à détruire successivement, avec une grande force de logique et une modération excessive dans la forme, les objections qui, de part et d'autre, avaient été soulevées contre le projet. Il ne pouvait être question ni de récompenses, ni de bienfaits; il s'agissait uniquement de restituer autant que possible, sous la forme d'une indemnité, ce qui avait été injustement enlevé à tels citoyens; ce n'était, enfin, ni une rançon imposée à la France, ni le prix d'une amnistie qu'on lui octroyait pour les actes passés; c'était une juste et légitime réparation.

La discussion sur les articles du projet et sur les amendements prit une partie du mois de mars, tantôt calme, le plus souvent animée, confuse, provocante, semée de reproches personnels, les uns voyant dans la loi une déclaration de guerre, les autres signalant dans la résistance ardente de l'opposition un appel à la sédition et à la révolte. M. Pardessus fut constamment sur la brèche, soit pour soutenir les amendements de la commission, soit pour combattre les amendements de l'opposition, soit pour présenter un rapport supplétif sur des articles additionnels renvoyés à la commision.

---

[1]. *Moniteur* du 25 février 1825, p. 274.

Si l'on veut bien relire ces débats, si intéressants dans nos fastes parlementaires, on verra que M. Pardessus fut sans cesse à la hauteur de la mission qui lui avait été confiée, et qu'il exprima toujours sa conviction avec un accent de réserve et de dignité auquel la Chambre rendit hommage par l'attention la plus sympathique.

Enfin, le 15 mars, la loi fut votée, et adoptée le 21 avril suivant par la Chambre des Pairs.

XLII

Au milieu de ces graves débats, ou à une époque assez rapprochée, se présentèrent diverses questions qui ne manquaient pas d'importance, et dont plusieurs offrent encore aujourd'hui tout l'intérêt qui s'y attachait en 1825.

La loi de 1807, sur l'intérêt de l'argent, l'exercice du droit de propriété littéraire et artistique, sont de ce nombre, et il rentre dans notre cadre d'en dire quelques mots.

— Un sieur James demandait, par voie de pétition à la Chambre, l'abolition de la loi du 3 septembre 1807 sur le prêt d'argent, comme contraire à la liberté des transactions et sans résultat efficace. M. Pardessus estimait et déclara que cette loi était si juste et si nécessaire, que la Chambre n'en devait consentir ni le retrait, ni la modification. Chaque jour elle était appliquée par la jurisprudence, loin d'être oubliée ou inefficace; elle possédait sans conteste l'approbation de tous ceux que guident les principes de la morale ou qui portent au crédit public l'intérêt qu'il mérite. Il la trouvait même trop indulgente et pensait que s'il y avait lieu de la modifier, ce n'était que pour introduire une plus grande sévérité dans ses dispositions répressives.

On sait que telle fut l'opinion des rédacteurs de la loi du 19 décembre 1850.

— M. Pardessus fut rapporteur du projet qui devint la loi du 10 avril 1825, pour la sûreté de la navigation et du commerce maritime, et la répression des crimes de piraterie et de baraterie. Il lut son rapport dans la séance du 30 mars[1].

Cette loi est encore en vigueur, sauf dans quelques-unes de ses dispositions, modifiées ou étendues par les décrets des 19 et 22 mars 1852.

— Il combattit l'amendement de la commission qui proposait l'attribution aux préfets de la formation des chambres de discipline chargées, dans chaque département, du contrôle des diverses professions qui se rattachent à la médecine. (Séance du 20 avril, *Moniteur* du 22.)

— Une ordonnance du 1ᵉʳ septembre 1825 (*Moniteur* du 2) nomma M. Pardessus membre de la commission désignée pour rechercher et proposer les mesures destinées à faire droit aux réclamations qu'avaient à former les anciens colons de Saint-Domingue, les bases et les moyens de répartition des sommes qui leur étaient allouées.

L'ordonnance du 17 avril précédent avait reconnu l'indépendance de l'île de Saint-Domingue. Avant de régler l'indemnité due aux colons, il s'agissait de se prononcer sur la légalité de cette ordonnance, à laquelle on reprochait d'avoir, contre les principes du droit public français, aliéné une partie du territoire et porté atteinte au droit de propriété des colons. La

---

1. *Moniteur* du 2 avril 1825.

Chambre ne considéra point comme un acte illégal d'aliénation une cession qui avait eu pour résultat de mettre un terme aux hostilités entre la France et Saint-Domingue, et elle estima que l'ordonnance n'avait point opéré d'expropriation des colons auxquels, dans l'urgence des circonstances, elle avait procuré tout ce qu'il leur était raisonnablement permis d'espérer, en stipulant pour eux une indemnité de 150 millions. M. Pardessus, nommé rapporteur de la commission, déposa, dans la séance du 28 février 1826 (*Moniteur* du 3 mars), son rapport dans lequel il abordait tous les points de droit public soulevés. Le projet fut adopté le 20 mars par la Chambre des députés et le 25 avril par la Chambre des pairs. Il aboutit à la loi des 30 avril-13 mai 1826, qui fut le résultat d'une discussion très approfondie, dans laquelle M. Pardessus examina et élucida tous les points en question.

XLIII

L'exercice du droit de propriété littéraire et artistique ne présentait pas, en 1825, moins d'intérêt qu'il n'en offre aujourd'hui encore, après les dispositions législatives intervenues en ce qui le concerne. Les esprits les plus graves s'en occupaient, et le gouvernement s'y arrêtait avec la plus grande sollicitude. M. Pardessus fut du nombre des personnes choisies par le roi pour préparer un projet de loi qui satisfît tous les vœux et conciliât toutes les prétentions. A côté de lui figuraient les hommes les plus honorables comme les plus compétents : MM. Portalis, de Vatimesnil, Picard, Villemain, Raynouard, Alexandre Duval, Taylor, Michaud, Quatremère de Quincy, et d'autres que, sur la demande de l'autorité elle-même, les auteurs dramatiques avaient désignés comme commissaires, MM. Lemercier, Etienne, Moreau, Champein.

Une première réunion eut lieu, le 12 décembre 1825, au département des Beaux-Arts, sous la présidence de M. de Larochefoucauld. Après une allocution de ce dernier, relative à l'insuffisance de la législation et à la nécessité de préserver de l'indigence ceux qui avaient élevé si haut l'honneur des lettres, le directeur des Beaux-Arts fit présenter un rapport qui se résumait en vingt questions soumises à la discussion préparatoire, et qui pouvaient être classées sous quatre titres : — *De la propriété littéraire et des œuvres de littérature en général ;* — *Des ouvrages dramatiques ;* — *Des ouvrages d'art ;* — *Des œuvres de musique.* Il fut proposé et arrêté à l'unanimité, dans cette première réunion, d'appeler Talma à prendre part aux délibérations, en raison des points de contact que l'intérêt des auteurs dramatiques présente à chaque pas avec celui des acteurs. Les théâtres ne pouvaient désirer un mandataire plus digne et plus éclairé ; il eût été choisi par les auteurs eux-mêmes.

Mais, hélas, les vœux du public, des intéressés directs, de la commission, du gouvernement, ne devaient point être réalisés !

La commission, après dix-huit séances employées à des discussions, arrêta un projet divisé en seize articles, dont la disposition principale était l'extension du droit de propriété dans la famille de l'auteur, conformément à des bases équitables[1]. Les garanties étaient étendues aux arts du dessin et aux œuvres de

---

1. *Journal de Paris* du 7 mai 1826.

musique. Le *Journal de Paris* du 7 août 1826, en publiant le résumé des travaux de la commission, exprimait le vœu que ce projet fût converti en loi par la sanction politique. Ce vœu, on le sait, ne fut point exaucé. Ce n'est que par la loi du 3 août 1844 que cette grave question fut reprise pour se présenter à nouveau sous le second Empire (loi du 8 avril 1854), et former l'un des points sur lesquels l'attention des hommes compétents se porte avec le plus d'insistance. Au moment où nous écrivons ces lignes (mars 1866), un projet de loi sur le droit de propriété garanti aux ascendants et aux frères et sœurs des auteurs défunts, des compositeurs et artistes, est soumis aux délibérations du conseil d'État [1].

XLIV

Un projet de loi important signala la session de 1826 ; ce fut celui qui concernait les substitutions. Le deuxième bureau avait désigné, pour faire partie de la commission, M. Pardessus.

On sait que la loi du 17 mai 1826, abrogée plus tard par celle des 30 avril-7 mai 1849, modifiait les articles 913, 915 et 916 du Code civil, relatifs à la quotité disponible des biens. Le projet, habilement soutenu par M. de Martignac, le 10 mai, fut non moins fortement attaqué par M. Devaux, après MM. Duplessis de Grenedan et de Girardin, comme violant les principes de la loi civile, de l'égalité, et comme étant de nature à créer au sein des familles des divisions et des luttes. M. Pardessus voulut prouver à la Chambre l'utilité du projet, en ce qu'il était conforme

---

[1]. Ce projet a abouti à la loi du 14 juillet 1866.

à l'équité naturelle, dont les lois civiles ne doivent jamais s'écarter; conforme aux mœurs de la nation et à l'intérêt des familles. Ce n'était pas un privilége, disait-il, puisque le droit nouveau était établi pour tous et ne créait point d'inégalité. Les substitutions étaient utiles aux pères de famille pour prolonger les effets de leur prévoyante sollicitude, et conformes aux principes monarchiques en assurant la stabilité des fortunes. Quant au grave reproche adressé à la loi de favoriser les désordres du grevé au détriment de celui à qui il devait rendre, il montra que l'objection disparaissait devant cette considération que, dans le système soumis à la Chambre, le grevé n'était jamais chargé de rendre qu'à ses descendants en ligne directe, et qu'il n'y avait pas, en règle générale, à redouter de sa part d'actes préjudiciables.

Le bruit s'était répandu dans le public que le gouvernement avait usé de toute son influence sur la position d'un grand nombre de députés pour s'assurer leur concours. Quel gouvernement a jamais été exempt de pareilles imputations? En ce qui le concernait, M. Pardessus protesta hautement, en terminant, contre ce soupçon perfide. « Je crois avoir prouvé, s'écria-
» t-il [1], que le projet était conforme aux règles de l'é-
» quité naturelle, aux mœurs et aux vœux de la na-
» tion, à l'intérêt des familles concilié avec l'intérêt
» des tiers, et avec l'intérêt public. C'est dans toute la
» sincérité de ma conscience, et, *quoi qu'on en ait pu*
» *dire*, sans aucune influence étrangère à mes senti-
» ments et à mes réflexions propres, que j'en vote
» l'adoption. »

---

1. *Moniteur* du 12 mai 1826.

Le projet de loi fut adopté dans la séance du 11 mai.

M. Pardessus ne resta pas indifférent à la discussion qui s'engagea sur les mesures répressives demandées contre les attaques dont les fonctionnaires publics étaient l'objet, et répondit, par la proposition de renvoi au président du conseil et au ministre de l'intérieur, à un discours de Benjamin Constant en faveur de l'ordre du jour. Le renvoi fut prononcé par la Chambre (*Moniteur* du 11 juin). Nous l'avons déjà apprécié, les convictions de M. Pardessus le portaient à défendre toute mesure qui avait pour but de rehausser l'autorité royale dans l'esprit public et d'empêcher qu'elle ne fût trop violemment mise en question ou attaquée. Aussi, en 1827, fut-il fréquemment sur la brèche lors de l'examen du projet de loi sur la presse, projet qui n'obtint point la sanction royale par suite de la surexcitation qu'il avait produite au sein de la Chambre, et qui ne fut point porté à la Cour des pairs.

XLV.

Les collègues de M. Pardessus appréciaient grandement ses hautes qualités et la solidité de son expérience. Ils lui donnèrent une preuve manifeste de leur estime en le nommant, le 20 décembre 1826, vice-président de la Chambre.

Enfin, dans la session de 1827, il appuya ou combattit, suivant les inspirations de sa raison et à l'aide de ses connaissances pratiques, l'important projet qui, par la loi du 21 mai 1827, devint le *Code forestier*.

Les électeurs des Bouches-du-Rhône ratifièrent bientôt l'opinion qu'avaient ses collègues de sa personne et de ses capacités, en le choisissant à nouveau pour leur mandataire à la fin de 1827. On prétendit, à cette occasion, et plusieurs feuilles publiques n'hésitèrent pas à se faire l'écho d'une allégation qui ne pouvait être qu'une manœuvre de parti, que M. Pardessus avait dû prendre une patente pour devenir éligible. Patente de quelle profession? On ne savait, mais l'on n'en tenait pas moins ce propos, et les journaux le *Précurseur* et le *Constitutionnel* l'imprimèrent. M. Pardessus dut démentir ce bruit, et il le fit d'une manière très digne dans le *Moniteur*, le 6 décembre 1827. Jamais M. Pardessus n'avait pris de patente, et lorsqu'en 1815, 1820 et 1824 il avait été admis à la Chambre des députés c'était sur la justification de ses contributions foncières et de ses titres de propriété[1].

XLVI

Dans la session de 1828, M. Pardessus remplit, comme aux années précédentes, son mandat de député en donnant toute son attention aux affaires soumises aux délibérations de la Chambre.

La première question importante qui se présenta à résoudre, naquit de la proposition faite par le vicomte de Conny, tendant à supplier le roi de préparer un projet de loi par lequel tout député qui accepterait une fonction rétribuée cesserait, par le fait même de son acceptation, de faire partie de la Chambre. La commission, dont M. Pardessus était membre, déposa son rapport le 17 avril. Elle conclut à l'adoption de la proposition, en reconnaissant néanmoins au député démissionnaire de droit la faculté de se présenter

---

1. V. le *Précurseur* du 5 décembre 1827, le *Constitutionnel* du 6 et le *Moniteur* du 7.

à nouveau au choix des électeurs, et en exceptant de la règle générale les députés appartenant à l'armée de terre et de mer promus à de nouveaux grades par rang d'ancienneté. Le projet fut admis en comité secret le 23 avril, par 144 suffrages contre 133.

M. Pardessus prit, en outre, une part très active à la discussion sur les projets de loi relatifs — à la révision des listes électorales et du jury, projet qui devint la loi du 2 juillet 1828, et lors duquel il se trouva, à plusieurs reprises, en désaccord avec un homme qui devait, dans la suite, jouer un rôle si important, et qui vient de s'éteindre chargé d'honneurs et de dignités, M. le procureur général Dupin, que nous avons déjà vu, au début de la carrière de M. Pardessus, lui disputer l'honneur de l'enseignement à l'École de droit de Paris ; — à l'interprétation des lois après cassation (loi du 30 juillet 1828), dans lequel le rapport, présenté à la Chambre le 10 mai par M. Calemard de Lafayette, fut adopté le 28 ; — à la presse périodique (loi du 18 juillet 1828).

Il fut nommé membre des commissions désignées pour l'examen des projets sur le budget et sur l'enquête commerciale.

XLVII

Dans la même session de 1828 devait se présenter aux délibérations de la Chambre des députés une grave affaire dans laquelle M. Pardessus, bien qu'il fît partie d'une faible minorité, donna à ceux qui connaissaient la fermeté de ses convictions, la chaleur de son amitié et la noblesse de son caractère, une preuve irrécusable de ces belles qualités de l'homme privé et du citoyen.

L'opposition avait pris, en 1828, des allures très vives et parfois provocantes, grâce à la situation d'esprit des députés que les dernières élections avaient envoyés sur ses bancs, et se trouvait grossie d'un nombre considérable de députés royalistes, mécontents des ministres par cela seul que leurs amis avaient quitté le ministère, ou adversaires des ministres tombés, parce que le pouvoir et la direction de la Chambre leur appartenaient désormais, et que l'opposition leur offrait quelque chance de popularité. Royalistes constitutionnels et libéraux s'étaient coalisés lors des élections de 1827, dans la lutte engagée contre la légitimité, en ce sens qu'il importait à leurs projets que l'influence de M. de Villèle disparût. Le résultat des élections et leur caractère s'étaient affirmés promptement. M. de Martignac avait succédé à M. de Villèle (5 janvier 1828), et, pressé par les aspirations libérales, le roi Charles X avait nommé président de la Chambre M. Royer-Collard, que sept collèges électoraux venaient d'y envoyer. M. de Martignac, dévoué à la monarchie, n'hésita pas à précéder le souverain dans une voie nouvelle qui pouvait sauver la royauté, et fit voter cette loi sur les listes électorales et du jury dont nous avons parlé il n'y a qu'un instant, déclarant hautement qu'il voulait éviter le retour des violences et des fraudes qui avaient si tristement signalé les dernières élections. Puis vint la loi sur la presse périodique, dont le résultat le plus net pour tous les esprits indépendants était la suppression de la censure facultative et des procès de tendance qu'on justifiait si facilement, au point de vue du droit, par les dispositions de la loi du 17 mars 1822.

Mais ces satisfactions, si contraires au système précédent, n'avaient pas suffi à l'opinion libérale et aux ennemis de M. de Villèle.

La question de l'enseignement dans les écoles secondaires ecclésiastiques ramena l'attention publique sur la situation des Jésuites. La Chambre ne fut point exempte de cette préoccupation, et tous les arguments présentés par M. de Montlosier, dans son fameux Mémoire de 1826, c'est-à-dire l'opposition manifeste des Jésuites aux saines opinions religieuses et monarchiques, le discrédit où ils avaient fait tomber par leurs violences le trône et l'autel, etc., etc., devinrent le thème de tous les entretiens. On représentait le *jésuitisme* comme « coulant à pleins bords dans toutes » les branches de l'administration » (M. Royer-Collard), comme occupant par ses affiliés toutes les avenues du pouvoir, disposant des emplois civils et militaires, enfin, comme un État dans l'État. Ce fut au point que la Chambre des pairs ayant, sur le rapport de M. Portalis, déclaré l'illégalité de l'existence de la corporation des Jésuites, M. de Martignac dut charger une commission d'examiner la question d'exécution des lois antérieures relatives à l'enseignement, et que le roi se vit forcé d'enlever aux Jésuites la direction des écoles.

L'opinion libérale, semblable au flot de la marée montante qui abat tout ce qui lui fait obstacle et s'avance dans sa fatale progression, l'opinion libérale, aidée par les royalistes mécontents, ne s'arrêtait pas dans ses succès et portait ses vœux plus haut. Le ministère Martignac avait inauguré une politique de progrès (si caractérisée même, qu'on l'accusait ouvertement de sacrifier la royauté à la révolution), et il importait à l'opposition de faire table rase du passé pour que sa conquête fût définitivement établie. M. de Villèle avait sans cesse lutté contre ses aspirations ; c'était donc M. de Villèle qu'il fallait frapper, et certains royalistes ne se montrèrent pas les moins ardents dans cette tentative.

Le samedi 14 juin, M. Labbey de Pompières proposa à la Chambre des députés de mettre en accusation l'ancien ministère, pour trahison envers le roi et envers la France, attentat à la Constitution, aux droits des citoyens, et concussion.

M. de Villèle accusé de trahison envers le roi pour avoir tenté de le séparer de son peuple! C'était l'argument suprême qui, en ralliant les royalistes à l'opposition, soutenait celle-ci et lui permettait d'affronter toutes les chances d'une attaque. Les royalistes se laissèrent prendre à cette tactique et ne surent pas démasquer le but véritable de l'opposition.

M. Labbey de Pompières développa sa proposition au milieu du plus grand calme ; la Chambre se retira dans ses bureaux et désigna une commission dont M. Girod de L'Ain fut nommé rapporteur.

Le lundi 21 juillet, une affluence extraordinaire de spectateurs occupait toutes les tribunes publiques et particulières. Le *Moniteur* (le *Moniteur* qui, en 1827, un an à peine auparavant, avait enregistré la nomination de soixante-seize nouveaux pairs destinés à vaincre la résistance de la Chambre haute), constate que « Monseigneur le duc de Chartres » était dans la loge du prince de Bourbon, et qu'un grand nombre de pairs assistaient à la séance, comme s'il se fût agi d'une grande assise oratoire! Ah! disons-le, pour tout esprit impartial qui ne comprend la grandeur que dans la modération, ce désir ardent de voir et d'entendre était bien le *væ victis* et cette ivresse du triomphe dont sont exemptes les âmes vraiment fortes et profondément patriotiques !

Après un long exposé de faits, la commission, par l'organe de son rapporteur, proposait à la Chambre de déclarer qu'il y avait lieu à instruire sur l'accusation de trahison et de concussion portée contre les membres du dernier ministère. La discussion fut renvoyée à l'époque qui suivrait la délibération sur la loi de finances. Quarante-six députés s'inscrivirent pour appuyer le rapport ; dix-sept se déclarèrent prêts à le combattre, et, parmi eux, M. Pardessus !

Si nous avons rapporté cette affaire avec quelques détails, c'est qu'elle fut une des plus grandes souffrances morales de M. Pardessus. Son âme en fut brisée. Il aurait fait à M. de Villèle, auquel il était profondément dévoué, le sacrifice de sa vie, et, comme il avait la conviction la plus intime de l'injustice des attaques dirigées contre son ami, l'honneur venait à l'appui de son immense dévouement.

La session était trop avancée pour que la discussion fût continuée ; la Chambre se sépara après le vote du budget.

XLVIII

Mais certains députés n'entendaient point perdre le fruit d'une première victoire gagnée dans la Chambre lorsqu'elle avait pris en considération la proposition de M. Labbey de Pompières ; ce succès constituait pour eux une arme toujours levée contre toute tendance de la royauté à se rapprocher de la politique de l'ancien ministère.

A l'ouverture de la session de 1829, M. de Pompières annonça qu'il poursuivrait l'adoption de la mesure qu'il avait proposée. Mais tout ce qui est extrême n'a point de durée, et un grand désir de conciliation et d'oubli avait fait place, dans la majorité des députés, aux agitations précédentes dont ils sentaient le danger et la stérilité. Le 19 février, lorsque M. Eusèbe de Salverte voulut développer la proposition, le côté gauche lui-même demeura inattentif ou silencieux, et sa contenance affirma tellement sa désapprobation et son sentiment de l'inopportunité de la mesure projetée, que M. de Pompières, sur le conseil du général Sébastiani et de ses amis, retira sa proposition.

L'assemblée tout entière manifestait hautement ses dispositions à une sincère entente avec le gouvernement.

Si la proposition avait été soutenue, il n'est pas douteux que M. Pardessus eût dépensé tout son zèle, toutes ses forces à la faire rejeter, et que si M. de Villèle fût tombé sous une pareille manifestation, il aurait résilié son mandat.

Une circonstance, mentionnée par un éminent publiciste qui fut le collaborateur de M. Pardessus[1], prouve suffisamment quelle était, à l'égard de la situation politique de M. de Villèle et de ses actes ministériels, la sincère opinion de M. Pardessus. Le 8 août 1829, le roi avait accepté la démission de M. de Martignac et de ses collègues, qui furent remplacés par MM. de Polignac, le général Bourmont et de La Bourdonnaye, ministère impopulaire, il faut le dire, et qui

---

1. LABOULAYE, *Notice sur M. Pardessus*; *Journal des Débats* du 13 juillet 1853.

permettait à l'opposition de faire appel à l'opinion publique, aux sentiments du pays, en se reportant à l'émigration avec M. de Polignac, aux mesures extrêmes de la Restauration avec M. de La Bourdonnaye, et, au sujet de Bourmont, à la flétrissure de l'honneur et de la dignité du soldat, à la défection à la veille de Waterloo !

Or, cette pensée était dangereuse pour le pouvoir, à une époque où les désirs de liberté venaient d'être surexcités par les actes vraiment libéraux du dernier ministère, et la réveiller était peut-être un acte de vaillance chez les conseillers du souverain, mais de bravoure périlleuse pour le trône et de nature à provoquer la lutte entre les partis. — « Un tel ministère » ne se comprend pas, s'écriait M. Royer-Collard. » C'est un effet sans cause. » — « Malheureuse » France ! malheureux roi ! » disait de son côté le *Journal des Débats* du 10 août.

La royauté prenait un parti extrême, et la modération qui formait le fond du caractère de M. Pardessus, jointe à ses sentiments d'indépendance et de juste mesure, l'éloignait de toute exagération, surtout quand cet excès mettait en péril évident cette royauté qu'il aimait si ardemment. Il fut donc atterré du choix des nouveaux ministres ; il jugea de prime-abord l'effet désastreux qu'une semblable désignation produirait sur l'esprit de ses collègues. Ses inquiétudes se trahirent dans une visite qu'il fit au roi Charles X aux Tuileries. Le monarque qui, comme Louis XVIII, honorait le député de toute sa bienveillance, lui ayant demandé quel était, à son avis, le ministre nécessaire en des circonstances aussi difficiles, M. Pardessus répondit sans hésitation en indiquant M. de Villèle. — « La lutte est engagée, dit le roi, j'irai jusqu'au

» bout ; après la victoire, je donnerai M. de Villèle
» comme une concession. »

M. Pardessus prit congé du souverain, l'âme attristée des plus sombres pressentiments.

On comprend qu'au milieu des préoccupations politiques qui agitaient les esprits, peu de lois d'un intérêt général important aient été mises à l'étude dans la session de 1829. M. Pardessus fit, néanmoins, partie de deux commissions, celle du budget de 1830 et celle qui s'occupa du projet de loi relatif aux voitures publiques (loi du 28 juin 1829), et prit part à la délibération concernant la loi sur la pêche fluviale (loi du 15 avril 1829).

XLIX

La lutte était désormais engagée à outrance entre le pays appuyant la Chambre, et la royauté représentée par le ministère Polignac. Le péril avançait, et tout esprit clairvoyant en pouvait suivre la marche progressive comme l'œil effrayé suit les menaces de la tempête. Le refus de l'impôt fut la première arme de résistance, et, chose digne de faire réfléchir le gouvernement, les mains qui commencèrent à lever cette arme terrible, furent celles des hommes dont le nom avait été le symbole de la fidélité et du dévouement à la monarchie des Bourbons, des Bretons !

Le roi Charles X ignorait son époque ; sa verte vieillesse avait encore de ces élans de bravoure et de témérité par lesquels s'affirmait le petit-fils d'Henri IV. Son discours à l'ouverture des Chambres, le 2 mars 1830, se ressentit du côté chevaleresque de son caractère : le roi fit entendre des menaces. La Chambre des députés y répondit par l'adresse dite des 221, véritable déclaration de guerre, dans laquelle les mandataires du pays affirmaient au monarque que le concours entre les vues du gouvernement et les vœux de la nation n'existait pas.

M. Pardessus, avons-nous besoin de le dire, ne signa pas cette adresse.

La monarchie courait à sa perte. Le roi avait déclaré que ses résolutions étaient immuables. M. Pardessus avait respectueusement mais vainement exprimé son opinion ; il n'avait plus qu'à courber la tête sous le vent de la fatalité, et à attendre que la tempête l'engloutît avec l'arche qui depuis quinze ans portait son dévouement et ses espérances. Il attendit. Incapable d'ajouter aux attaques de ses collègues sa critique personnelle, il n'était pas non plus du nombre de ces royalistes exaltés qui se réjouissaient hautement de la lutte, qui l'appelaient même à grands cris, imprudents qui ne voyaient pas que dans cette lutte grosse d'orages il y avait pour la dynastie une question d'existence !

Le sceptre ne s'abaissant pas, on le brisa.

La réponse du roi à l'adresse était du 18 mars : le lendemain, une proclamation prorogea la Chambre au 1er septembre ; puis, une ordonnance du 16 mai en prononça la dissolution et convoqua les colléges électoraux de département pour le 9 juillet.

M. Pardessus fut réélu par les électeurs des Bouches-du-Rhône ; mais, lors de la vérification de ses pouvoirs, le 17 août, son élection fut annulée. M. Bavoux l'attaqua en alléguant que les garanties de liberté et de secret des suffrages n'avaient pas été respectées, en ce que la table où avait eu lieu le scrutin était trop exiguë et n'avait pas permis aux électeurs de dérober aux regards des membres du bureau ce qu'ils écrivaient sur leurs bulletins, et en ce que la tenue du grand collége s'était opérée dans le même local que celui où s'était réunie la première section du collége d'arrondissement. Vainement M. de Berbis s'efforçat-il de faire maintenir le choix des électeurs ; la Chambre, sur les observations de M. Thomas, et prononçant comme elle venait de le faire pour plusieurs autres députés, estima que le scrutin n'avait réellement pas été secret, et annula l'élection de MM. Roux et Pardessus, députés des Bouches-du-Rhône.

La personne, le caractère honorable de M. Pardessus n'avaient pas été en jeu dans cette discussion, et la noblesse de son esprit était trop incontestée pour qu'on songeât à l'attaquer. Et, du reste, ainsi qu'il le prouva bientôt, le résultat de la vérification des pouvoirs lui était en lui-même assez indifférent.

Son parti était irrévocablement arrêté.

L

Dévoué à la branche aînée des Bourbons et disposé à la servir dans la limite de ses forces tant qu'elle dirigerait les destinées de la France, il avait l'âme trop noble pour accepter immédiatement de reconnaître le nouveau pouvoir, quand il voyait, le cœur brisé, cette famille auguste dont il avait salué le retour regagner les lieux d'exil où le doigt de Dieu et la fatalité des évènements l'avaient déjà conduite.

C'était là l'objet constant de ses entretiens intimes avec MM. de Villèle, Guizot et de Corbière. Si la Chambre avait maintenu son élection, peut-être aurait-il conservé son mandat, fier dans son indépendance, inébranlable dans ses sentiments bien connus, inattaquable dans la hauteur et la sérénité de ses convictions, et espérant rendre encore quelques services aussi bien à ses amis du gouvernement déchu qu'à cette royauté qu'ils avaient soutenue ensemble de leur conscience et de leur loyal concours. Mais son esprit répugnait à tenter les chances d'une élection nouvelle sous un gouvernement qui lui était antipathique, et surtout à prêter à ce gouvernement le serment obligatoire du député.

Aussi, après l'annulation de son élection, n'hésita-t-il plus à se déclarer et lui fut-il facile de mettre dans ses actes la logique qui devait simplifier sa situation et lui créer pour l'avenir une position nettement tranchée en dehors des agitations de la vie politique et des tourments qui assiègent l'homme public aux époques de lutte et d'instabilité.

Il était entré dans l'arène à la maturité de ses ans et à l'épanouissement de ses forces ; il en sortait à l'âge où l'esprit recherche ardemment la vérité en même temps que l'âme s'élève vers l'idéal dont les nécessités pratiques l'ont tenue éloignée.

La loi du 31 août 1830 imposait le serment à tous les fonctionnaires de l'ordre administratif ou judiciaire, et ce serment devait être prêté dans la quinzaine qui suivait cette loi, faute de quoi les fonctionnaires étaient considérés comme démissionnaires. Cette prescription n'inquiétait point M. Pardessus quant à sa situation de député, nous venons de le dire ; mais il était, en outre, conseiller à la Cour de cassation et professeur à l'École de droit de Paris.

MM. Guizot et de Broglie tentèrent de lui faire comprendre quelle indépendance lui laissait la continuation de ces charges, quels services il pouvait rendre encore à la magistrature, qui avait en si haute estime son savoir et son expérience ; à la jeunesse de l'École, qui n'avait reçu de lui que d'honorables conseils, et avait plus que jamais besoin de son enseignement. L'opinion de ces deux hommes illustres était, certes, de nature à l'impressionner vivement ; c'était un aveu sincère de leur foi en la loyauté de son caractère, et le gouvernement nouveau ne pouvait demander davantage. Vaines tentatives! M. Pardessus ne prêta point serment. Ses collègues d'hier, ses amis redoublèrent d'efforts pour lui faire retirer sa double démission. Il les comprenait si bien, que lui-même répétait à d'autres fonctionnaires les conseils qui lui étaient donnés, en les engageant à les prendre pour règle de conduite. Mais en ce qui le concernait, il demeura inébranlable.

Toujours modeste, il disparut sans bruit de la scène politique et des fonctions publiques pour retrouver, dans le calme du foyer et de l'étude, la sérénité de la vie privée, sans un regret pour ses honneurs passés, pour ses espérances permises, et gardant au fond du cœur, comme un parfum dans un vase précieux et comme le mot final de toute sa vie, l'indélébile souvenir de l'auguste famille à laquelle, sans qu'il s'arrêtât à y songer, il sacrifiait encore et sa position, et l'illustration que l'avenir semblait lui promettre.

SECONDE PARTIE

RETRAITE DE M. PARDESSUS

(1830-1853)

Retraite de M. Pardessus. — Utilité des études historiques et scientifiques au point de vue du droit. — Premiers travaux académiques de M. Pardessus. — Mission de l'Académie des Inscriptions et Belles-Lettres. Comment il la comprend. — *Mémoire sur l'importance de l'âge dans la législation romaine.* — *Mémoire sur le commerce de la soie avant le 6ᵉ siècle de l'ère chrétienne.* — *Sur le* GRAGAS *de M. Schlegel.* — *Lettre sur l'étude du droit commercial.* — M. Pardessus se consacre tout entier aux travaux de la science et de l'Académie. Il dément sa candidature à l'Académie des Sciences morales et politiques. — COLLECTION DE LOIS MARITIMES ANTÉRIEURES AU 18ᵉ SIÈCLE : — 1° *Tableau historique du commerce antérieurement à la découverte de l'Amérique;* — 2° *Us et coutumes de la mer;* — 3° *Lois maritimes antérieures au 18ᵉ siècle.* — Appréciation générale de la *Collection.* Recherches et démarches de M. Pardessus. — Sa reconnaissance publique de l'aide qu'il a reçue. — Autres travaux : — sur le *Code de commerce espagnol;* — *De la propriété des mines, etc., etc.;* — Études diverses dans le *Journal des savants;* — *Collection des arrêts en matière commerciale* et *Législation comparée sur le change* (non publiées). — LOI SALIQUE. — Président de l'Académie des Inscriptions et Belles-Lettres. — Réorganisation de l'École des Chartes; rapporteur puis président de la commission; président du conseil de perfectionnement; son dernier rapport en 1851. — Travaux divers publiés dans la *Bibliothèque de l'École des Chartes.* — *Diplomata, chartæ, epistolæ, etc.* — *Table chronologique des diplômes, etc.* — *Ordonnances des rois de France de la 3ᵉ race.* — *Table chronologique des ordonnances. — Supplément aux ordonnances* (non publié). *— Essai sur l'organisation judiciaire jusqu'à Louis XII.* — Ce qu'a été la retraite de M. Pardessus. Sa réserve quant aux évènements de l'époque. Paroles sévères sur M. de Montlosier. — Dernières années de la vie de M. Pardessus; altération de sa santé. — *Supplément aux ordonnances.* — 6ᵉ *édition de son Cours de droit commercial.* — Aggravation de la maladie. Derniers entretiens. Profonde piété de M. Pardessus. — Mort de M. Pardessus.

LI

M. Pardessus avait près de soixante ans quand sonna pour lui l'heure de la retraite. Il aurait déjà pu dire de sa personne ce que M. Dupin a dit de lui-même : « J'ai été étudiant toute ma vie[1]. » Comme citoyen, comme homme public, il avait largement payé sa dette à la patrie ; le jurisconsulte s'était affirmé par des travaux qui devaient lui survivre ; il semble qu'il pût légitimement aspirer au repos et jouir d'une réputation conquise par son mérite en même temps que d'une aisance qu'il avait si vaillamment gagnée.

« L'homme doit soutenir sa vieillesse, a dit Cicéron, » par la culture des lettres et la pratique des vertus[2] ». M. Pardessus chercha le repos dans une vie simple et dans la science, oublieux des hommes dont il voulait être désormais oublié, et dirigeant uniquement son esprit et ses facultés vers les faits historiques appliqués au droit, aliment inépuisable pour les affamés de recherches et d'érudition, vaste champ toujours ouvert aux investigations des âmes studieuses.

« Les faibles se passionnent pour les hommes,

---

1. *Mémoires*, Introduction, p. 2.

2. « *Aptissima omnino sunt arma senectutis artes exercitationes-« que virtutum* » (*De la vieillesse*, III).

» écrit M. Bonald[1], et les forts pour les choses ». Éloigné de la politique, M. Pardessus se consacra tout entier aux travaux scientifiques et à la constatation historique des origines de notre droit. M. de Savigny n'avait pas encore écrit ces lignes qui terminent son beau livre de l'*Histoire du droit romain au moyen âge* : « Si la science du droit doit prendre de nos jours une face nouvelle, les explorations historiques y seront pour quelque chose. En effet, croire à la possibilité d'un progrès pour la science sans tenir compte du passé tout entier, ou croire qu'on peut comprendre ce passé sans l'étudier profondément et pour lui-même, c'est être préoccupé d'une erreur aussi vaine que dangereuse » ; mais on comprenait que la fatalité ne saurait être la souveraine maîtresse des évènements ; et, au sortir d'une crise politique et sociale qui avait remué si profondément l'âme de la nation et mis en question toutes les institutions, l'étude des causes de ce grand changement entraînait naturellement les esprits vers des recherches générales sur l'enchaînement nécessaire des évènements. Si la pensée et la volonté de l'homme ont des lois qui leur sont inhérentes, les faits qui en dérivent ne sauraient être marqués de cette fatalité aveugle, de ce hasard dont Voltaire a tenu, comme historien, un trop grand compte.

Montesquieu et Vico avaient montré ce que devait être l'histoire. Ce n'est pas seulement la série des guerres, la succession des rois, le gouvernement des états et l'administration des affaires publiques ; elle a pour mission d'embrasser tous les éléments qui

---

1. *Pensées.*

concourent à la civilisation ; les lois, les mœurs, la religion, les arts, les lettres, le commerce, l'industrie, le bien-être des peuples, sont autant de parties soumises au progrès, à des variations successives appréciables, et qui, réunies en un faisceau par la synthèse, constituent la physionomie historique d'une nation. En résumé, c'est la peinture du progrès social, le tableau de la marche de l'humanité, dans le sens largement économique de ce mot.

Or, nous le répétons, en 1830, on ne se méprenait plus sur le véritable rôle de l'histoire, et des travaux remarquables, qu'il serait facile d'indiquer, avaient déjà prouvé les efforts sérieux entrepris pour réaliser cette noble mission. L'on marchait à pas précipités à une période de véritable fièvre historique et scientifique qui n'a point encore, sans doute, produit tous les résultats qu'il est permis d'espérer, mais qui a déjà édifié des monuments durables.

M. Pardessus, que nous verrons, quelques années plus tard et à propos des collections des *Chartes* et des *Ordonnances*, exprimer si nettement son sentiment à cet égard, n'avait pas tardé à appliquer ces principes à l'étude des lois qu'il considérait comme « une des sciences les plus dignes d'être cultivées[1] » Il savait que, pour le droit comme pour toute autre branche des connaissances humaines, l'histoire doit toujours être le récit fidèle des faits réels, si éloignés de nous qu'ils soient[2], et qu'il n'y faut point admettre ces suppositions hasardées, ces hypothèses ouvrant

---

1. Compte-rendu de la *Collection des lois civiles et criminelles des États modernes* de M. Victor Foucher, *infrà*, LXII.

2. « *Historia est gesta res, ab aetatis nostrae memoria remota.* » (CICÉRON, *De l'Invention*, I, 19.)

carrière à la controverse et substituant trop souvent la fantaisie à la réalité. A notre époque d'investigations historiques et scientifiques, il n'est pas permis de procéder autrement que sur des faits, sur des documents certains. Trop longtemps, au sujet même de notre histoire nationale, nous avons vécu sur la foi de traditions sans fondement, et nous avons appris à croire à l'erreur, insoucieux de l'examen et du contrôle des sources. Quand M. Pardessus se livra à ses grands travaux d'érudition, il n'accepta sans réflexion aucun jugement des historiens sur une question importante. Après avoir vécu au milieu des ruines intellectuelles du passé dont il vit s'éteindre une à une toutes les croyances, il apprit à rejeter l'autorité des traditions et à soumettre toutes les opinions à l'épreuve du raisonnement et de la contradiction. La science des lois, telle qu'elle avait été comprise jusqu'alors, ne lui suffisait point ; pour connaître la législation compliquée d'après laquelle se rendait la justice et s'administrait judiciairement la France avant le régime révolutionnaire, il fallait nécessairement remonter aux sources et suivre les éléments constitutifs du droit et de la procédure dans toutes leurs phases, dans toutes leurs variations. Nous verrons bientôt à quelles recherches immenses il se livra sur ce point et les grands travaux d'érudition qui en résultèrent.

Il entrait donc résolument dans la science, pensant, avec Cicéron, qu'il importe de connaître les monuments et les exemples des temps anciens[1], et nous aurons, dans maintes circonstances, l'occasion

---

1. « *Monumenta rerum gestarum et vetustatis exempla.* » (*De l'Orateur*, liv. I, 46.)

d'apprécier quels services lui rendit, aussi bien qu'à la science historique, cette ardeur passionnée à scruter les documents du droit ou de la législation antérieure. C'est ainsi, pour nous borner actuellement à un exemple, qu'il résoudra à l'aide de l'étude approfondie des sources de notre organisation judiciaire jusqu'à Louis XII, et au sujet de la condamnation de Jean-Sans-Terre, la grave question historique de la composition de la Cour des pairs[1].

A mesure qu'il avancera dans la vie, dans la science, ses jugements deviendront plus précis, plus solides, et quand il écrira sa belle étude sur la *Loi salique* et son magnifique *Essai sur l'organisation judiciaire*, préambule grandiose du dernier volume de la *Collection des ordonnances*, il aura atteint ce degré de rectitude critique auquel il aspirait et qu'il caractérisait si bien en 1840 en ces termes : « La » perfection est fille de la patience et du temps ; on » n'y parvient que par une suite de degrés plus ou » moins rapides dont les derniers ne sont pas toujours » les plus difficiles à franchir ; et la véritable science, » comme la sagesse, sait ajourner les plus légitimes » espérances[2]. »

C'est dans ces sentiments que M. Pardessus était entré à l'Académie.

A soixante ans, il semblait commencer une vie nouvelle. Lui dont la réputation de jurisconsulte, de magistrat, de professeur était fondée, il ambitionnait les triomphes pacifiques et modestes du savant ; et,

---

1. V. *Essai sur l'organisation judiciaire*, 1re partie, tit. I, ch. Ier.
2. Compte-rendu de l'*Histoire du droit romain au moyen âge* de M. de Savigny, *infrà*, LXII.

comme s'il se complût à oublier que la brièveté de la vie nous défend les longs projets[1], il préparait de nouveaux travaux qui devaient sceller la célébrité du savant sur la réputation du jurisconsulte.

« C'est la gloire d'une compagnie, a dit un collè-
» gue, un ami de M. Pardessus[2], que de posséder ces
» doux vieillards qui, étrangers par leur âge aux
» misères du jour, répandent autour d'eux le calme et
» la sérénité de leur âme, et sont, au milieu des
» générations troublées et inquiètes, comme la vivante
» image du travail, du devoir et de l'honneur ! »

LII

A l'Académie des Inscriptions et Belles-Lettres, cet arbitre de la critique et de l'érudition appliquées à l'histoire et à l'archéologie, M. Pardessus se révéla bientôt avec ses rares qualités du savant soucieux de puiser le vrai aux sources historiques de notre droit.

Nous avons vu (*suprà* XVIII, XIX) qu'il n'avait pas attendu l'époque de sa retraite pour se livrer à des études spéciales, et les origines de notre droit coutumier, reliées à une période de ce droit complètement fixée par les *Établissements de Saint Louis* à l'aide des documents fournis par les *Assises de Jérusalem*, apparaissaient avec un caractère de certitude qu'elles ne possédaient point auparavant et que les travaux de MM. Guérard et Beugnot ne firent que confirmer davantage. Il sentait tellement l'importance de cette liaison, que dans sa *Collection des lois mari-*

---

1. « *Vitæ summa brevis spem nos vetat inchoare longam.* » (HORACE, *Ode à Sestius*, liv. 1, 4.)

2. LABOULAYE, *Notice sur la vie et les travaux de J.-M. Pardessus*. *Journal des Débats* du 13 juillet 1853.

times (tit. I, ch. VII), il avait publié plusieurs extraits des *Assises,* et qu'en 1838 il lut à l'Académie un rapport sur la nécessité d'une nouvelle publication de ce recueil.

C'est ainsi que, dès le début, il prouvait au corps savant qui l'avait accueilli après l'édition du premier volume de la *Collection des lois maritimes,* combien il était honoré et digne de ses suffrages.

C'était le propre de M. Pardessus, naturellement timide et concentré, de se livrer tout entier quand il croyait devoir se donner.

Décidé à prendre une part active aux travaux de l'Académie, il s'occupa tout d'abord de connaître la mission de la compagnie et de se pénétrer de la nature, du caractère des résultats qu'elle devait rechercher. Après quoi, tout son temps, toute sa vie, furent consacrés, dans la mesure de ses forces, à la réalisation de ce but. Rien n'est plus significatif à cet égard que le rapport qu'il fit à l'Académie, dans la séance du 20 février 1838, des publications que les lois, les arrêtés, les vœux exprimés par le gouvernement, lui avaient confiées. Ce fut à propos des *Assises de Jérusalem,* dont l'édition se trouvait encore retardée, bien qu'éminemment utile, par la modicité des allocations. Il fit ressortir avec une grande force qu'en édictant la série des travaux de l'Académie, les législateurs comme le gouvernement avaient contracté l'obligation morale de fournir aux dépenses nécessitées par ces travaux et d'augmenter l'allocation dans la mesure des besoins. L'important pour l'Académie était qu'elle ne perdît point de vue la nature et l'étendue de ses devoirs ; moyennant quoi l'État était tenu de lui venir matériellement en aide.

Nous verrons quels résultats M. Pardessus atteignit plus tard dans cet ordre d'idées, grâce aux sages dispositions d'un ministère libéral, notamment en ce qui concerne la réorganisation de l'École des Chartes (*infrà,* LXIV).

En ce qui le regardait personnellement, il est facile de s'assurer que sa collaboration à l'œuvre confiée à l'Académie fut, en même temps, des plus efficaces et des plus conformes à l'esprit de la législation.

— En vertu de la loi du 3 brumaire an IV (tit. IV, art. 5) et de l'article 24 de celle du 15 germinal suivant, l'Académie doit publier ses *Mémoires.* Or, une année ne s'était pas encore écoulée depuis son admission, que M. Pardessus avait lu deux Mémoires importants sur le droit coutumier, dont le recueil de la compagnie fit la publication, et qu'il préparait sa savante étude relative aux rapports sous lesquels l'âge était considéré dans la législation romaine, étude dont nous nous occuperons dans un instant;

— L'article 16 de l'arrêté des Consuls du 2 germinal an XI, chargeait l'Académie de publier la *Notice des manuscrits,* les *Historiens de France* et les *Ordonnances des rois de la troisième race.* Or, M. Pardessus édita le tome XXI et dernier de la Collection des ordonnances, qu'il fit précéder d'un Essai historique sur l'organisation judiciaire et l'administration de la justice depuis Hugues-Capet jusqu'à Louis XII, et suivre d'une Table raisonnée de toute la Collection. Il travaillait même à un Supplément aux ordonnances lorsque la mort le surprit;

— Le gouvernement avait demandé, le 27 mars 1807, une *Histoire littéraire de la France.* Or, M. Pardessus présenta à l'Académie plusieurs rapports comme membre de la commission des travaux littéraires; c'est même à ce titre qu'en 1835 il insistait à l'Académie sur la continuation de l'édition des chartes imprimées et sur la publication du texte des chartes concernant l'histoire de France, et qu'en 1838 il demandait une nouvelle publication des *Assises;*

— D'après les ordonnances des 11 novembre 1829 et 1er mars 1832, l'Académie avait mission de publier la *Table des chartes* relatives à l'histoire de France, disséminées dans des ouvrages imprimés, comme elle avait reçu de l'arrêté consulaire du 2 germinal an XI et des ordonnances précitées de 1829 et de 1832 la charge d'éditer les *Textes des chartes et diplômes* concernant cette histoire. Or, M. Pardessus, en dehors du rapport dont nous venons de parler et des mentions successives qui, chaque année, étaient faites, dans le recueil de l'Académie, de l'état et de l'avancement des travaux, publia les tomes I et II des Diplômes mérovingiens, *Diplomata, chartæ, epistolæ, leges, etc. ad res gallo-francicas spectantia,* et les tomes IV, V et VI de la *Table chronologique des diplômes, chartes, titres et actes imprimés concernant l'histoire de France.*

— Restait uniquement une délibération du 15 février 1833, approuvée par le gouvernement, le 7 juin suivant, en vertu de laquelle *l'Histoire des Croisades* devait rentrer dans les travaux dont l'Académie était chargée. Or, si M. Pardessus ne s'en occupa point d'une manière directe, on peut dire que ses études sur les *Assises de Jérusalem,* ses extraits du droit des Croisés insérés dans le chapitre VII de sa *Collection des lois maritimes,* rentraient, à un certain point de vue, dans la réalisation du but de l'Académie.

En sorte qu'on peut sûrement signaler, à la louange

de M. Pardessus, que nul académicien ne comprit mieux que lui la nature et l'importance des travaux dont la compagnie à laquelle il appartenait se trouvait légalement chargée, et qu'aucun n'eut un plus grand souci de satisfaire aux vœux du législateur et de l'État.

L'éloignement presque général qui se manifeste pour la discipline, pour les travaux imposés ou exécutés en accomplissement d'un devoir, d'un programme accepté, nous entraîne souvent à méconnaître le mérite réel des savants qui relèvent d'un corps constitué ; mais la simple notion du juste nous commande de distinguer, dans une œuvre sérieuse publiée dans ces conditions, la situation de son auteur, et, tout en réservant notre droit de critique, d'approuver ce qui est digne d'éloges, surtout quand cette œuvre émane d'un homme que sa valeur particulière, sa grande intelligence et ses remarquables travaux ont désigné aux suffrages de ce corps savant.

LIII

Dans la séance du 31 mai 1831, M. Pardessus lisait à l'Académie un MÉMOIRE SUR LES DIFFÉRENTS RAPPORTS SOUS LESQUELS L'AGE ÉTAIT CONSIDÉRÉ DANS LA LÉGISLATION ROMAINE[1].

Rien de plus curieux et de plus complet que cette étude qui embrasse les actes les plus importants du droit privé, la tutelle, la faculté de tester, le mariage, la majorité, l'adoption, l'affranchissement des esclaves

---

1. V. *Mémoires de l'Académie des Inscriptions et Belles-Lettres*, t. XIII, p. 266 et suiv. publié en 1838.

M. Pardessus a publié isolément presque tous les travaux insérés par lui dans ce recueil.

et le legs d'aliments jusqu'à la puberté, les charges municipales de la magistrature romaine, les fonctions publiques après la robe virile et le service militaire, puis les fonctions de *judex*, de sénateur, de pontife. etc.

Quant au droit privé, plusieurs points ont attiré l'attention spéciale de M. Pardessus. Et d'abord, avec un grand nombre d'auteurs, il est frappé de l'influence du chiffre *sept*, qui paraît jouer un rôle si important dans la supputation de l'âge chez les Romains, qu'on retrouve dans la limite de l'enfance, sept ans, et dans la faculté de tester, quatorze ans, *bis septem*; dans le premier honneur, celui de la robe virile, qui ne pouvait être accordé au-dessous de cette dernière période ; dans la puberté pleine, fixée d'abord à dix-huit ans, puis ramenée à quatorze.

D'après Macrobe [1], les philosophes ont divisé la vie de l'homme en sept parties, estimant que le corps subit des changements à chaque période de sept ans. La perfection, selon eux, est au nombre que donne le chiffre *sept* multiplié par lui-même, c'est-à-dire à l'âge de quarante-neuf ans, et la limite naturelle, le nombre *soixante-dix*, parce qu'il est le produit de la multiplication du chiffre *sept* par le nombre *dix*, de tous le plus parfait.

Suivant Plutarque, la combinaison des nombres avait inspiré à Héraclite une autre division de la vie, dont il plaçait le terme final à cent huit ans et le milieu à cinquante-quatre ans.

On sait que, quant au nombre *sept*, les livres saints eux-mêmes ont dit : « *Dies annorum nostrorum in ipsis septuaginta annis* [2]. »

---

1. *In somnium Scipionis*, lib. I, cap. 6.
2. *Psaume* 89, verset 9.

Sans doute, le respect superstitieux des Romains pour ce nombre *sept* eut quelque influence sur leur première jurisprudence ; mais la réalité des faits les porta bientôt à établir une division plus exacte, dont les quatre termes paraissent avoir été *l'enfance, l'adolescence, la jeunesse,* et *la vieillesse*, phases diverses que dépeint si gracieusement Horace dans son *Art poétique* :

> *Reddere qui voces jam scit* PUER, *et pede certo*
> *Signat humum...*
> *Imberbis* JUVENIS, *tandem custode remoto,*
> *Gaudet equis canibusque...*
> *Conversis studiis,* ÆTAS ANIMUSQUE VIRILIS
> *Quærit opes et amicitias...*
> *Multa* SENEM *circumveniunt incommoda...*
> *Difficilis, querulus, laudator temporis acti*
> *Se puero, censor castigatorque minorum.*

Les jurisconsultes s'étaient arrêtés à la même division, sauf quelques divergences dans les limites, et c'est celle que l'on retrouve dans une constitution de Constantin de 321, avec cette observation que la jeunesse est elle-même partagée en deux époques, *l'ætas firmata,* de vingt à vingt-cinq ans, et *l'ætas legitima,* de vingt-cinq à quarante-neuf ans. La vieillesse, *senectus,* commence à ce dernier terme, multiplication du chiffre *sept.*

Comme la puberté est l'époque de la vie que l'on fixa d'abord pour l'affranchissement de la tutelle, il y avait le plus grand intérêt à en déterminer la limite d'une manière précise. Cette fixation a-t-elle eu lieu dès l'origine, ou s'est-on arrêté tout d'abord à l'inspection du corps pour l'établir, ou enfin a-t-on posé une règle commune destinée à mettre un terme à des investigations embarrassantes et humiliantes pour les femmes : c'est là un point délicat sur lequel textes et commentateurs sont en désaccord.

L'inspection du corps, *ex habitu corporis observatio*, n'avait lieu que pour les hommes ; le titre 22 du livre I des *Institutes* donne à supposer qu'on y procéda jusqu'à Justinien et que c'est à l'empereur légiste que l'on doit la substitution d'une présomption légale fondée sur l'âge, à un examen physique, comme cela se pratiquait depuis un temps considérable pour les femmes. M. Pardessus soutient savamment l'assertion de Justinien et prouve par les textes que si, avant le Ve siècle, une certaine opinion existait déjà pour la substitution d'un terme légal à l'inspection corporelle, ce n'était pas là la loi. Trois systèmes — qu'Ulpien expose au § 28, titre XI, de ses *Fragments* et Gaius au livre Ier, n° 196, de ses *Institutes* — avaient cours : celui de Cassius, basé sur l'examen physique ; celui de Proculus, qui, reproduisant la série grecque, fixait la puberté à l'accomplissement du second septennaire de la vie, à quatorze ans ; celui de Priscus, enfin, qui combinait les deux premiers. Les juges se décidaient suivant qu'ils appartenaient à l'un ou à l'autre de ces systèmes, jusqu'à ce qu'une constitution justinienne de 529 eût déterminé une présomption légale fondée uniquement sur l'âge, *decimus quartus completus*, quatorze ans accomplis pour les hommes, et, pour les femmes, *post duodecim annos*, douze ans accomplis.

L'affranchissement des esclaves et la limite qui y fut apportée sous Auguste, était encore un des points du droit privé sur lesquels l'âge était pris en sérieuse considération. De graves désordres, résultant du nombre des affranchissements, les plaintes des créanciers dont le débiteur enlevait le gage par des libéralités exagérées ou par des trafics frauduleux, engagèrent Auguste à remédier à l'abus, et le remède fut dans les lois *Ælia Sentia et Fusia Caninia*.

L'examen de toutes ces questions, la sage compilation des textes, l'intervention de l'histoire et même de la poésie dans la discussion, donnent à cette étude de M. Pardessus un attrait qui ne fait pas davantage défaut à la seconde partie où il traite de l'âge considéré dans les fonctions publiques.

LIV

M. Pardessus savait *choisir ses sujets*. A ses yeux, toute question de science ou d'histoire devait, sous peine d'être condamnée à rester dans l'ombre, présenter un intérêt évident. Du moment où cet intérêt existait, le point, en apparence le moins important à connaître, lui paraissait digne d'attention ; et un exemple remarquable de cette appréciation s'offre à nous dans l'ordre de ses publications.

La question du lieu d'origine de la soie et de la situation du pays renommé des Serres qui en aurait été le centre de production, soulevait des systèmes historiques et géographiques dont l'examen devait tenter le zèle et les aptitudes de M. Pardessus. Tout ce qui touchait au progrès du commerce et de l'industrie l'attirait, et la seule inspection des tableaux d'exportation et d'importation était pour lui pleine d'intérêt et d'enseignements. On s'explique donc aisément qu'il ait publié un Mémoire sur l'une des branches les plus importantes de notre industrie, et qu'il ait, pour se conformer à l'esprit des travaux de l'Académie, borné ses recherches aux faits les plus reculés de l'histoire jusqu'au moment où un élément nouveau introduit en Europe fit cesser toute controverse.

Ce MÉMOIRE SUR LE COMMERCE DE LA SOIE CHEZ LES ANCIENS ANTÉRIEUREMENT AU VIe SIÈCLE DE L'ÈRE CHRÉTIENNE, ÉPOQUE OU L'ÉDUCATION DES VERS A SOIE A ÉTÉ INTRODUITE EN EUROPE, fut lu à l'Académie des Inscriptions et Belles-Lettres les 25 mai et 29 juin 1832 et imprimé dans les Mémoires de la compagnie[1].

Procope[2] et Zonare[3] rapportent qu'en 557 deux moines, par une supercherie aussi hardie qu'heureuse, apportèrent à Constantinople des œufs de vers à soie, et que l'industrie s'empara immédiatement de l'éducation de ces précieux insectes. Mais quel était, avant cette époque, chez les anciens, l'usage de la soie, et où plaçaient-ils le pays de provenance? Ce sont là deux points qu'examine successivement M. Pardessus.

L'industrie de la soie paraît avoir été pratiquée en Chine depuis un temps immémorial. Les Juifs, les Assyriens, les Grecs, et surtout les Romains ont fait usage d'étoffes de soie à une époque très reculée; l'histoire en fait foi. En Europe, Aristote, le premier, parle de l'industrie de la soie et de son mode de production, avec quelque précision. Il décrit assez exactement les métamorphoses d'un insecte de l'île de Cos qui la fournit, puis le bobinage et le tissage.

C'est de Cos que les dames romaines tirèrent

---

1. *Mémoires de l'Académie des Inscriptions et Belles-Lettres*, t. XIV et XV, 1re partie, p. 1 et suiv. publié en 1842.

2. *De bello gothico*, lib. IV, cap. 17.

3. *Histoire romaine*, t. II, p. 69.

d'abord cette gaze légère qu'elles recherchaient avec tant d'ardeur, malgré la sévérité des lois somptuaires, étoffe dont tous les poètes du temps ont chanté la souplesse et la transparence, et que les hommes eux-mêmes employèrent dans leur vêtement au point qu'un sénatus-consulte dut leur interdire cet emploi, *ne vestis serica viros fœdaret*. Mais cette disposition fut bientôt réduite à néant par l'accroissement continuel du commerce avec l'Asie, après la conquête, notamment avec la contrée qu'on appelait le *Pays des Serres*, et la précieuse marchandise abonda tellement à Rome, que le luxe ne s'en priva plus, bien qu'elle se vendît encore au poids de l'or. Les efforts des moralistes et des écrivains chrétiens, tels que Tertullien et Clément d'Alexandrie, demeurèrent impuissants contre la vanité. Du reste, c'était de l'étoffe seule qu'on avait souci ; quant à rechercher d'où elle était apportée, comment la matière première était produite, on s'en inquiétait peu, et le silence des Asiatiques à cet égard était des plus sévères. On crut longtemps à Rome que la soie était un végétal ramassé sur les feuilles au moyen d'un lavage, *aqua depectentes frondium canitiem*.

« *Vellera ut foliis depectant tenuia Seres,* »

dit Virgile dans ses *Géorgiques*. Ce ne fut que lorsque Pline[1] eut reproduit l'opinion d'Aristote sur la formation de la soie à l'île de Cos par le *bombyx*, qu'on commença à se faire une idée de l'origine de cette étoffe si recherchée et que l'on employait soit tramée à fils de soie pure, *holoserica*, soit à

---

1. *Histoire naturelle*, XI, 17.

fils mélangés, *tramoserica, subserica,* surtout quand la réception par le commerce de soie en fils eut permis aux Romains de se livrer eux-mêmes à la confection des étoffes.

Quant à la position du *Pays des Serres*, il y a tout lieu de supposer que le nom n'était que la désignation générique de toute contrée asiatique produisant la soie. S'il exista une ville de *Serres*, dont on retrouve fréquemment l'indication dans les auteurs, *Sera metropolis*, il est certain, d'une part, qu'elle était en Chine, d'autre part, que sa véritable situation était inconnue des Romains, qui faisaient le commerce de la soie par Bactres et l'Asie occidentale où, probablement, se trouvait un entrepôt entretenu par les caravanes. Aux IVe et Ve siècles de l'ère chrétienne, la navigation permit d'opérer ce trafic par Malacca et Ceylan, l'Egypte et l'Ethiopie, le Pont-Euxin, la Perse, mais, le plus souvent, par Alexandrie, la mer Rouge et la mer des Indes.

Enfin, l'Europe, au VIe siècle, cessa d'être tributaire de l'Asie, et l'industrie de la soie devint, notamment pour la France, une source de produits considérables.

Le Mémoire que M. Pardessus a consacré au commerce de la soie est riche de documents et de renseignements curieux, et il est digne à tous les égards de figurer dans les travaux de l'Académie.

LV

Ces travaux particuliers ne détournaient point M. Pardessus de l'étude du droit, surtout du droit ancien, français ou étranger, pour lequel il avait une véritable prédilection. Il était alors très activement occupé des recherches immenses que lui nécessitait sa *Collection de lois maritimes*, et il ne laissait passer inaperçu aucun document de nature à éclairer un point quelconque de sa belle compilation.

M. Schlegel avait publié, en 1829, un ouvrage historique et scientifique des plus intéressants sur un ancien code islandais, le GRAGAS. M. Pardessus, après avoir étudié le livre du savant allemand, dans lequel il puisa d'excellents renseignements pour le troisième volume de sa *Collection,* publié en 1834 (chap. XVI, *Droit maritime de l'Islande*), en fit paraître dès 1831 un compte-rendu dans le *Journal des Savants*[1]. La même année, il éditait le tome II de sa *Collection de lois maritimes*, terminant la partie qu'il rangea depuis, en 1847, sous le titre d'*Us et coutumes de la mer*.

Lors de l'édition que publia M. Dupin, en 1818, de ses *Lettres sur la profession d'Avocat* d'après Camus, M. Pardessus avait enrichi ce recueil d'une *Lettre sur l'étude du droit commercial*, que M. Dupin maintint dans son édition de 1832, estimant que « la différence qui séparait leurs opinions poli-
» tiques n'était pas un motif suffisant pour ne pas
» conserver un document qui ne touchait, du reste,
» qu'au droit privé[2]. » M. Pardessus prit soin de revoir et de retoucher cette étude qui n'est, en réalité, que le programme qu'il entendait suivre dans son enseignement à la Faculté comme dans son Cours de droit écrit, précédé d'un aperçu à larges traits sur les progrès du droit commercial antérieure-

---

1. 1831, pages 193 à 206, 269 à 277.
2. DUPIN, *Lettres sur la profession d'Avocat*, 5ᵉ éd. t. 1, p. 410 à 422.

ment au Code de 1807, et dans laquelle il signale l'utilité d'une collection des lois maritimes de l'Europe qui, depuis les temps les plus reculés jusqu'à nos jours, ont servi à régler, chez les différentes nations, les transactions relatives au droit maritime. Cette étude, ce programme approfondi par de nouvelles observations, fit l'objet du discours d'ouverture de son cours, le 18 novembre 1820[1], dont nous nous sommes déjà occupé, et qui renfermait, entre autres données philosophiques et morales, des conseils de conduite et de piété sur lesquels nous aurons à revenir.

LVI

Cet aperçu rapide des premiers travaux de M. Pardessus, en même temps qu'il permet d'apprécier les ressources extraordinaires de son esprit et la variété de ses connaissances, met en relief sa prodigieuse activité et le zèle qu'il déployait dans ses explorations scientifiques et historiques. La santé continuait à sourire à cet exercice exagéré des forces ; une régularité extrême dans le travail contribuait puissamment à lui conserver cette vigueur des organes si nécessaire au service de son ardeur intellectuelle. Les jurisconsultes, les magistrats, les savants, qui, à cette époque de sa vie, entretenaient avec lui des relations d'amitié ou d'érudition, ont souvent rappelé son zèle infatigable, sa soif d'apprendre et son besoin de divulguer ce qu'il avait appris. Nous ne pouvons trouver de cet état de son âme et de son esprit une appréciation plus exacte que celle que nous a donnée un illustre

---

1. *Thémis*, t. VI, p. 511, *suprà*, XIII, *et infrà*, LXIX.

magistrat, sur la situation d'un homme éminent dont le nom s'est rencontré et se rencontrera plusieurs fois encore dans cette notice, M. Dupin : « Il travailla
» toute sa vie, ne se bornant pas à lire, mais étudiant
» comme un néophyte, et croyant qu'un jour passé
» sans étude était un larcin fait à ses devoirs.[1] »

M. Pardessus avait trouvé sa voie ; rien désormais ne l'en pouvait détourner tant que ses forces suffiraient à l'y faire avancer, et l'étude de la science, les travaux de l'Académie, devaient occuper exclusivement les dernières années que le ciel lui laisserait.

Nous savons que s'il se montrait toujours à la hauteur des fonctions qui lui étaient confiées, il n'était pas dans sa nature de solliciter jamais, fût-ce même un honneur qui n'aurait fait que donner satisfaction aux aspirations légitimes du savant. Il connaissait trop le prix de la tranquillité et les jouissances paisibles que procure l'étude, pour sacrifier volontiers cette sérénité de l'âme qui facilite les grandes conceptions et les travaux sérieux. En un mot, il n'aimait point qu'on s'occupât de sa personne en dehors du cercle dans lequel il avait enfermé son existence, ses habitudes, ses relations, et, disons-le, il souffrait difficilement que le nouveau gouvernement prît garde à sa situation, tant il conservait pur et inquiet le souvenir de ses affections frappées. Le *Moniteur* du 5 décembre 1832 ayant annoncé que M. Pardessus figurait au nombre des candidats qui sollicitaient leur admission à l'Académie des Sciences morales et politiques,

---

1. M. LE PREMIER PRÉSIDENT TROPLONG, *Discours sur M. Dupin*, à l'audience solennelle d'installation de M. le Procureur général Delangle, 20 novembre 1865.

M. Pardessus protesta, le jour même, contre cette assertion par une lettre adressée à la feuille gouvernementale. Nous n'hésitons pas à faire connaître ces détails qui montrent *intus et in cute*, si nous pouvons employer de telles expressions, la délicatesse de cette âme inquiète à l'excès de son honneur et de sa dignité, et qui ne savait souffrir qu'une apparence de brigue vînt en ternir la complète intégrité.

LVII

Après deux années de silence, M. Pardessus publia, en 1834, le *Tableau historique du commerce antérieurement à la découverte de l'Amérique*, composé des études préliminaires qui servaient d'introduction aux trois premiers volumes de sa COLLECTION DE LOIS MARITIMES ANTÉRIEURES AU XVIII° SIÈCLE (*suprà*, XVI). Le tome III de cette collection se trouvait en même temps livré à la science, et l'ouvrage était assez avancé pour qu'il nous soit permis de l'apprécier dès actuellement dans toute son étendue.

Il n'était pas possible à M. Pardessus, si l'on considère le peu de temps que la réglementation des études accordait aux professeurs pour l'enseignement du droit commercial dans les Facultés (une année scolaire), de consacrer un grand nombre de leçons préliminaires à l'étude des sciences historiques, et, d'autre part, il aurait considérablement grossi son ouvrage de doctrine s'il s'y était livré à un examen approfondi de la législation comparée. Or, la législation ancienne et celle du moyen-âge présentent, spécialement sur le droit maritime, des documents multiples et intéressants qu'il importait de faire connaître. Les jurisconsultes devaient ainsi avoir à

leur disposition des matériaux rares et précieux, destinés à faciliter la révision des lois commerciales. M. Pardessus expliquait sa pensée à cet égard dans le *Programme* qu'il publia en 1820 [1], et plus tard, en 1832, dans la *Lettre sur l'étude du droit commercial* insérée dans les *Lettres sur la profession d'Avocat* (*suprà*, XLV). A cette époque, deux volumes de la collection avaient paru et M. Dupin, si compétent dans toute matière concernant le droit, disait de cette œuvre, que son auteur ne pouvait louer : « La modestie de
» M. Pardessus l'empêche de se rendre une entière
» justice à lui même. Je dois dire que la collection
» dont il parle ici est *la plus grande publication scien-*
» *tifique qui ait été faite sur le droit commercial ;* elle
» suppose dans l'auteur les connaissances les plus
» variées et les plus étendues ; elle suffirait seule,
» indépendamment de ses autres travaux, pour justi-
» fier sa nomination à l'Académie des Inscriptions
» et Belles-Lettres. [2] »

---

1. *Suprà*, XIII, et *Thémis*, t. VI, p. 377.
2. *Lettres sur la profession d'Avocat*, 5ᵉ édit., t. I, p. 421, en note. Voilà, certes, un témoignage des plus flatteurs. — M. Du Caurroy a, cependant, reproché assez vertement à M. Dupin (*Revue de législation*, 1836, p. 140) d'avoir, à l'égard de M. Pardessus, » changé de langage, sans pouvoir faire oublier l'équivoque de » mauvais goût que lui avait fournie précédemment le *Traité des* » *servitudes.* » M. Dupin avait écrit, en effet, en 1821, dans la *Bibliothèque choisie à l'usage des Étudiants en droit*, p. 96, et au sujet du livre précédent : « Il n'existe pas dans le nouveau droit, » ni même dans l'ancien, d'auteur qui ait mieux connu tous les » genres de *servitude*. Cette matière lui est très familière. » Le mot, sans doute, n'était pas digne d'un homme qui avait été, dans une circonstance célèbre, le concours de 1810, le rival malheureux de M. Pardessus, et M. Dupin agit sagement en le supprimant dans son édition de 1835. Mais peut-être M. Du Caurroy eût-il été moins sévère s'il avait considéré que cet équivoque n'était, de la part de

La *Collection des lois maritimes* parut en six volumes in 4°, de 1828 à 1845. M. Pardessus la dédia AU ROI. Il ne pouvait oublier qu'à trois époques différentes il avait été honoré de l'attention particulière du souverain ; en 1818, il avait été chargé de s'occuper d'un projet de Code rural (*suprà*, X) ; en 1822, le roi lui avait confié l'exécution d'un travail concernant la collection des lois commerciales de l'Europe (XV); enfin, en 1824, il fit partie de la commission appelée à étudier le projet de codification des lois et règlements en vigueur en dehors de nos Codes (XXXIX). Ces projets, sauf le premier qui avait été exécuté en partie, n'avaient point abouti. Quoi de plus juste que de prouver, par une œuvre personnelle et supérieure à celles qui lui avaient été confiées, qu'il était digne du choix du souverain ? Le roi, du reste, avait eu connaissance du projet de M. Pardessus, et avait hautement encouragé son entreprise. La dédicace de M. Pardessus était donc un hommage naturel et spontané et le juste témoignage de sa reconnaissance pour un auguste patronage.

L'œuvre de M. Pardessus peut se diviser en trois parties qui comprennent :

M. Dupin, qu'une réminiscence : en 1816, effectivement, au plus fort d'une lutte oratoire à la tribune des députés, on reprocha à M. Pardessus de pratiquer, dans son zèle à défendre le despotisme, sa doctrine des *servitudes*.

Il faut donc croire qu'il y avait, dans la phrase précitée de M. Dupin, plutôt une pointe de malice (et l'on sait que l'illustre Procureur général n'était pas exempt de cette faiblesse), qu'un acte de critique acerbe contre lequel proteste, au surplus, la note que nous venons de rappeler, écrite en 1832, et qui constitue l'hommage le plus éclatant rendu aux talents et au caractère de M. Pardessus.

L'appréciation de M. Dupin reste, en conséquence, toute entière et conserve la valeur attribuée généralement à ses critiques.

1° Le tableau historique du commerce antérieurement à la découverte de l'Amérique ;
2° Les us et coutumes de la mer ;
3° Les lois maritimes jusqu'au xviii° siècle.

LVIII

Le TABLEAU HISTORIQUE DU COMMERCE ANTÉRIEUREMENT A LA DÉCOUVERTE DE L'AMÉRIQUE, qui, ainsi que nous l'avons dit, forme l'introduction des trois premiers volumes de la collection, est à lui seul un ouvrage très important dont M. Pardessus fit une publication particulière en 1834. C'est un magnifique préambule à la compilation et comme le cadre très-vaste, très substantiel des diverses législations qui seront présentées successivement.

La période embrassée par M. Pardessus s'étend des origines du commerce à la découverte d'un passage aux Indes par le cap de Bonne-Espérance, ou jusqu'à la découverte de l'Amérique, dates célèbres que vingt-cinq années seulement séparent. L'Empire romain, sa chute en Occident, les Croisades, enfin la découverte de l'Amérique, sont les termes des quatre époques que comprend cette vaste période.

Les progrès du commerce de l'Europe, de l'Asie et de l'Afrique, sont suivis pendant chacune de ces époques. Nous assistons à la création des voies terrestres et maritimes de communication que nécessitèrent les transactions, les échanges entre les peuples, et nous nous intéressons à l'avancement successif des entreprises européennes vers les richesses asiatiques, vers les contrées de l'ancien monde, si grandes par leur civilisation, si fertiles en produits de toute sorte ; nous voyons les pays maritimes du globe lutter contre la prépondérance romaine, et, tributaires de sa gloire, de ses armes, de sa législation, de ses institutions, la rendre tributaire elle-même de leur industrie, et s'établir sur ses ruines, prenant leur part de ce grand désastre de l'Empire d'Occident.

L'époque des Croisades, la chute de l'empire de Constantinople, produisent d'importants résultats au point de vue commercial ; les débouchés ouverts aux transactions sont immenses. Les peuples de l'Italie luttent pour en accaparer le profit ; et quand le royaume de Jérusalem disparaît lui-même sous les coups de la puissance mahométane, les forces diverses sont encore assez équilibrées, les besoins restent assez étendus pour que chacun des pays précédemment en lutte trouve l'emploi de son industrie et de ses ressources. C'est que la sécurité du commerce a augmenté en proportion de l'accroissement des relations. Si quelque nation domine la mer, comme la Ligue Anséatique dans la plupart des ports européens, par la force du principe d'association de l'industrie et des capitaux, des institutions naissent qui offrent plus de sûreté à la marine restreinte des peuples qui ne font point partie de la Ligue.

A l'écriture et à la numération par chiffres se joint, aux XIIe et XIIIe siècles, la création des lettres de crédit destinées à obvier au danger du transport lointain des espèces et des lingots ; les banques facilitent la circulation des valeurs ; les voyages de conserve diminuent les périls des expéditions ; l'abolition du droit inhumain de naufrage est un progrès réel qui vient consolider le principe de propriété. A la même époque, les institutions suivent le courant des améliorations et des besoins ; la connaissance des affaires commerciales est attribuée à des juridictions spéciales ; les sociétés se forment pour faciliter les transactions importantes, en même temps que pour amoindrir l'étendue des pertes ; l'établissement des lazarets, des léproseries, des quarantaines, garantissent d'avantage la sûreté publique et la sécurité des ports ; enfin, l'emploi de la boussole en Europe vient en aide aux navigateurs et détermine avec plus de précision la direction comme la durée approximative des voyages maritimes.

Plus tard, aux XIVe et XVe siècles, les nations diverses, profitant du bienfait d'institutions devenues déjà presque de droit commun, redoublent d'ardeur dans leurs entreprises. Des centres de commerce universel sont créés entre l'Europe et l'Asie ; les contrées modernes, la France, l'Espagne, la Ligue Anséatique y portent leurs richesses et les produits de leur industrie, en même temps que leurs institutions. L'usage des associations se développe de plus en plus ; les bourses de commerce établissent le cours des valeurs et des marchandises ; si le droit de visite, inhérent à l'existence de la course, est maintenu, les garanties des neutres paraissent plus sérieuses ; les juridictions commerciales sont définitivement fondées ; d'importantes mesures sont prises relativement à la police sanitaire ; les affaires de change et de banque se multiplient, et le *rechange* vient garantir le bénéficiaire ou le tireur des conséquences d'un refus de paiement ; l'usage du droit de naufrage a complétement disparu ; enfin, les pertes auxquelles la navigation est exposée trouvent un remède efficace dans la création des assurances à primes.

A la fin du XIVe siècle, Vasco de Gama double l'Afrique; le cap des Tempêtes devient le cap de Bonne-Espérance, et, à la suite des Portugais, toutes les nations maritimes se précipitent vers l'Inde, avides des richesses inépuisables de ce pays privilégié. Puis, à vingt-cinq années de distance, Christophe Colomb découvre l'Amérique, et le commerce n'a pas assez de force, l'esprit d'entreprise assez d'ardeur, pour relier au Nouveau-Monde l'ancien continent qui semble naître à une vie nouvelle et va marcher désormais de progrès en progrès !

C'est à ces grands évènements que M. Pardessus s'est arrêté. Le tableau était assez vaste pour qu'il pût y déployer toute son érudition et satisfaire amplement son amour des recherches, au point d'accomplir sa tâche avec un talent et un mérite qui n'ont point été surpassés.

LIX

Sous le titre d'US ET COUTUMES DE LA MER, OU COLLECTION DES USAGES MARITIMES DES PEUPLES DE L'ANTIQUITÉ ET DU MOYEN-AGE, M. Pardessus a publié isolément, en 1847, les deux premiers volumes de sa collection, édités en 1828 et 1831, et rapidement épuisés.

Dans l'histoire figurent plusieurs peuples qui, comme les Phéniciens, les Carthaginois, les Juifs, les Égyptiens, les Arabes, bien que leur importance maritime ne puisse être mise en doute, n'ont point laissé de monuments de législation; d'autres, tels que les Athéniens, les premiers Romains, les pays d'Europe pendant l'invasion des peuples du Nord, n'offrent que des documents très incomplets et puisés par fragments dans les écrits des historiens et des poètes.

Mais, à côté de ces peuples, et à une époque plus

rapprochée de nous, diverses nations nous présentent, avec le souvenir de leur commerce et de leur industrie, une série de textes qui prouvent déjà la sagesse de leurs institutions. Sans doute on est parfois frappé de l'inhumanité de certaines prescriptions et, comme Montesquieu remontant aux sources les plus inexplorées du droit et de la jurisprudence, il ne nous faut pas moins « entrer dans le chaos de ces lois barbares » qui avaient envahi l'Europe et établi tant d'usages » féroces sur les ruines de la sagesse romaine, [1] » tel que cet accaparement des objets naufragés qui enlevait à la victime tout droit sur ses dépouilles sauvées ; mais, dès le moyen-âge, le cadre des inhumanités se trouve déjà bien rétréci, sous la saine influence du christianisme, et les institutions durables sont en grande majorité.

Les *Lois Rhodiennes* semblent dominer la législation *gréco-romaine* ; les Croisés portent en Orient leurs usages nationaux ; la France dispute à l'Angleterre l'origine des *Rôles d'Oléron* ; les Pays-Bas calquent sur ce dernier document, que de fréquentes communications avec la France leur ont fait connaître et apprécier, les *Jugements de Damne et de Westcapelle*, les *Coutumes d'Amsterdam, d'Enchuysen, de Stavern*, en y ajoutant les dispositions locales que suggèrent les besoins du pays ou les habitudes ; les ports de la Baltique obéissent à la *compilation de Wisby* ; le *Consulat de la mer*, cette célèbre collection née au XIVe siècle en Espagne, est bientôt en vigueur dans les ports et sur tout le littoral du Midi ; le *Guidon de la Mer*, qu'il faut supposer avoir été rédigé à Rouen

---

1. VILLEMAIN, *Disc. et mélanges littéraires*, Éloge de Montesquieu.

par un particulier, au xviᵉ siècle, établit sur les assurances maritimes des principes qu'adoptent bientôt les peuples de l'Europe et que suit en grande partie la célèbre *Ordonnance de* 1681 ; enfin, la *Ligue Anséatique*, cette puissante association commerciale qui n'a point d'émule dans l'histoire du monde, dont les flottes ont fait trembler les puissances de l'Europe pendant plusieurs siècles, qui ôtait ou donnait des couronnes et exerçait un irrésistible monopole commercial[1], la Ligue Anséatique a son droit compilé dans des *récès* qui régissent la Baltique, l'embouchure du Rhin, l'Océan germanique.

Il serait du plus grand intérêt de rapprocher de ces documents les données de notre droit moderne ; mais cette étude nécessiterait un travail spécial qui excéderait le cadre que nous devons donner à cette notice.

LX

Enfin, dans les quatre derniers volumes de sa collection, M. Pardessus passe en revue le droit maritime de chacun des peuples de l'Europe pendant le moyen-âge jusqu'au xviiiᵉ siècle,

La Norwège, l'Islande, la Suède, le Danemark, Brême, Hambourg, Lubeck, les Etats Prussiens, la Russie, les Pays-Bas septentrionaux et méridionaux, l'Angleterre, la Flandre, ont leurs usages et leurs statuts dans lesquels on suit la naissance, l'étendue, le développement des principes, des institutions, qui sont le fond de notre législation moderne. La France, après avoir passé par le droit romain comme la gran-

---

1. E. Worms, *Hist. commerciale de la Ligue Anséatique*, 1863.

de majorité des États de l'Europe, est régie par des statuts au Midi et à l'Ouest, pratique les *Rôles d'Oléron* et le *Guidon de la mer*, et arrive enfin, grâce au génie de Colbert, à édifier cette magnifique *Ordonnance d'août* 1681, que toute l'Europe reçut et suivit avec enthousiasme ; que l'on voit aujourd'hui encore appliquée dans un certain nombre de dispositions par plusieurs peuples, la Russie, notamment, l'Angleterre ; qui a passé dans notre Code de commerce de 1807, et dont les prescriptions administratives et pénales sont, dans une portion notable, encore en vigueur, soit en vertu de l'article 484 du Code pénal qui maintient les lois et règlements particuliers dans toutes les matières qui n'ont pas été réglées par ce Code, soit en vertu du décret du 4 mars 1852, qui proclame obligatoires les ordonnances, arrêtés, etc. concernant la marine, antérieurs à 1789, auxquels il n'a point été dérogé.

Dans le Midi, Gênes, Pise, Lucques, Florence, Venise, Trieste, les Etats Pontificaux, les Deux-Siciles, la Sardaigne, les provinces septentrionales, méridionales et occidentales de l'Espagne, le Portugal, l'île de Malte, qui, pour la plupart, avaient dû primitivement suivre le droit romain, se sont progressivement arrêtés à des usages particuliers et se sont donné des statuts locaux, expression de besoins nouveaux, de nécessités nouvelles, moins immobiles que la loi, quoique entourés d'un respect aussi grand, et susceptibles de recevoir, comme cela s'est pratiqué fréquemment, des dispositions complémentaires, des articles additionnels.

M. Pardessus complète ces notions par quelques extraits du droit maritime de la mer des Indes et de l'archipel d'Asie, en publiant, outre des statuts de

Malacca et de Macassar, des fragments du *Code de Manou*, probablement le plus ancien texte qui nous soit parvenu.

Deux *tables,* l'une *chronologique,* l'autre *alphabétique,* couronnent dignement ce magnifique travail en facilitant les recherches et en résumant les matières, et l'œuvre se trouve perfectionnée encore par les nombreuses *additions et corrections* que M. Pardessus a insérées à la fin du dernier volume.

LVI

Il suffit de consulter la collection des lois maritimes, sans même se livrer à l'examen approfondi qu'il est si profitable d'en faire, pour se rendre compte de l'accueil exceptionnel qui dut être fait à cette publication par toute l'Europe. Nous n'hésitons pas, quant à nous, à dire que c'est là une des œuvres les plus considérables de la première moitié de notre siècle.

Ce qu'il a fallu à M. Pardessus de soins, de recherches, de démarches, de prières, de sollicitations même, ne peut s'écrire. Tout a été étudié, comparé, fouillé avec ardeur, avec passion, pour arriver à un travail d'ensemble exact et complet. Il n'est pas jusqu'au soin qu'il apporte dans le choix des éditions, jusqu'à la description qu'il fait des manuscrits et des imprimés, qui n'indiquent à quels scrupules s'arrêtait cet esprit droit et modeste, trop timide pour se targuer d'une fausse science, d'un mérite d'emprunt, ou se glorifier de sa propre érudition, trop sincère pour ne point indiquer avec détails les sources où il a puisé les documents qu'il publie, les renseignements qu'il produit.

Les recherches préliminaires, la publication du

premier volume en 1828, le programme qu'il avait donné de son œuvre dès 1820, les matériaux qu'il dut déjà rassembler lorsqu'en 1824 il fit partie de la commission chargée de la codification des lois, le besoin de consulter les hommes spéciaux des différents pays pour connaître un texte, pour s'éclairer sur le sens d'une disposition ou, quelquefois, d'un mot unique, enfin, l'envoi aux érudits de son premier volume, le mirent immédiatement en relation avec les savants éminents de toutes les villes. C'est ainsi qu'il entra en communication, en commerce scientifique, avec MM. Hach, père et fils, pour le droit de Lubeck, avec MM. Schlegel et Lappenberg, qui lui apportèrent fréquemment le secours de leurs lumières, avec Henschel qui venait de publier son excellente édition du *Glossaire de Du Cange*, avec M. Promis, le savant bibliothécaire du roi de Sardaigne, qui lui transmit le statut de Péra, etc; etc. Rien ne lui coûtait pour atteindre un résultat historique ou scientifique. On le voit, en 1842, dans le seul désir d'éclaircir un doute qu'il conservait quant au statut de Venise de 1255, envoyer son petit-fils, M. Eugène de Rozière, en Italie; celui-ci parcourt toutes les bibliothèques, consulte les érudits, interroge les spécialistes, fouille les archives, et il revient d'Italie avec des renseignements qui rassurent complètement son illustre aïeul, et nanti de nouveaux et précieux documents (voy. tome V, ch. xxix).

Lui-même entreprend des voyages dans le même but.

Quand ses occupations ou la faiblesse de sa santé le retiennent à Paris, il est en correspondance suivie avec les consulats, les ambassades, avec les bibliothécaires, les savants de toute contrée.

Voyez sa joie quand il trouve ce dont il a deviné l'existence, quand un manuscrit vient lui permettre de rectifier ce qu'il a écrit, quand un texte vient confirmer l'opinion qu'il a émise dans une controverse! C'est la satisfaction de l'érudit; ce n'est point l'orgueil du néophyte. Et comme il sait exprimer sa reconnaissance! Souvent timide pour demander, il est ardent à manifester sa gratitude. Encore une fois voilà bien l'homme pour lequel la science est un véritable culte!

Nous parlons de sa timidité : lui même, à propos de démarches faites pour obtenir un renseignement, a écrit : « surmontant une timidité naturelle qui » me fait craindre de paraître importun » (tome III, p. 452); et nous n'hésitons pas à le croire, nous qui le connaissons déjà par l'étude que nous avons faite de sa vie. En ce qui touche sa reconnaissance, il avait les raisons les plus fortes de l'exprimer hautement; ainsi, pour le droit maritime de la mer des Indes (VIe vol.), il voulut publier des extraits de Code écrits en langue bouguie; or l'Imprimerie royale ne possédait point de caractères de cette langue. M. Pardessus fit de vives instances auprès du Garde des sceaux, par l'entremise de M. Lebrun, directeur de l'Imprimerie, et de M. Eugène Burnouf, inspecteur de la typographie orientale. Le ministre lève l'obstacle et fait graver les caractères. M. Pardessus le remercie de ce procédé dans les termes les plus chaleureux.

Jamais il n'hésita à cet égard; il sait que les hommes ne se sentent jamais importunés par la reconnaissance. Ce qu'il fait pour les ministres, les ambassadeurs, les consuls, il l'accomplit pour tous ceux qui viennent l'aider dans sa tâche : pour MM. de Clercq,

Coquebert de Montbert, Eugène Burnouf, qui dans les traductions lui prêtent le secours infiniment précieux de leurs connaissances en linguistique ; pour M. Dulaurier, qui le met en mesure de publier le Code malaye en lui prodiguant les trésors de sa savante érudition ; pour M. Rappetti, professeur suppléant au Collége de France, qui, comme complément des sources du droit maritime français, lui donna le *Livre de Jostice et de Plet;* pour M. Promis, le bibliothécaire du roi de Piémont, qui lui envoie le statut de Péra ; pour M. Victor Foucher, avocat-général à la Cour de Rennes, qui lui fait connaître plus complètement le droit de la Russie en lui communiquant sa collection des lois civiles et criminelles des États modernes ; pour M. de Vaudoré, conseiller à la Cour de Poitiers, qui lui fournit les *Us et Coutumes d'Olonne ;* pour M. de Rozière, son petit-fils, qui lui rapporte d'Italie les statuts de Zara et de Pharo, etc., etc.

Tous les élans de son âme généreuse se prodiguent en accents de reconnaissance pour tous ces adeptes, ces collaborateurs désintéressés de son œuvre scientifique, devenue une œuvre internationale !

Mais, par contre (résultat ordinairement rencontré chez les natures expansives et généreuses), quelles plaintes amères quand il ne reçoit point ce qu'il a demandé, lorsqu'un savant, un fonctionnaire « ne lui fait pas même l'honneur d'une réponse » ! Il attend patiemment des mois, des années même, et, quand toute espérance est perdue, il dit son mécompte, il l'imprime, il le publie, il proteste au nom de la science même ! Et c'est ainsi qu'à côté des témoignages fréquents de sa gratitude, nous trouvons les cris, infiniment plus rares, il est vrai, de son désenchantement.

M. Pardessus terminait son travail par ces mots :
« Il ne me reste plus qu'à me recommander à la bien-
» veillante indulgence des savants. »

L'esprit s'arrête ému sur cette ligne, de la sincérité de laquelle il n'est pas possible de douter, et se remémore cette belle comparaison de Montaigne entre les savants et les épis de blé : « Ils se lèvent et haussent
» la tête droite et fière tant qu'ils sont vuides ; mais
» quand ils sont pleins et grossis de grains en leur
» maturité, ils commencent à s'abaisser et à s'humi-
» lier.[1] »

M. Pardessus était un de ces hommes supérieurs qui, suivant l'heureuse expression de M. Villemain, « reçoivent la lumière et la répandent.[2] » S'il s'empressait toujours de reconnaître, de proclamer le mérite des savants qui lui prêtaient le secours de leurs lumières, il n'insistait jamais sur les vérités historiques ou scientifiques que lui même avait mises en évidence, en ce sens qu'il les considérait immédiatement comme acquises à la science et comme appartenant au domaine public ; heureux d'une découverte personnelle, il ne mêlait point à la joie du savant l'orgueil du succès, et n'éprouvait pas le besoin de revendiquer *son bien*. Pour lui, toutes les vérités sont à tous, et le mérite que peut légitimement avoir l'érudit qui en retrouve la trace, ne saurait consister que dans le bonheur de jouir le premier de sa découverte.

S'il proteste, c'est au nom de la science et pour rétablir l'exactitude des faits. Ainsi fait-il vis-à-vis son collègue, M. Beugnot, qui, dans la préface des *Olim*, avait écrit que *tous les jurisconsultes sans exception*

---

1. Montaigne, *Essais*.
2. *Discours et mélanges littéraires*, Éloge de Montaigne.

regardaient les coutumes des XVᵉ et XVIᵉ siècles comme les témoignages les plus anciens du droit coutumier¹. Et sa protestation consiste à rappeler le Mémoire sur le droit coutumier qu'il lut à l'Académie en 1829².

Une seule fois il sort de sa réserve ordinaire.

En 1840, à une époque où ses travaux lui avaient conquis dans la science la place qu'il ambitionnait, indigné d'être mis impudemment à contribution par des écrivains qui se paraient de ses propres richesses, on l'entendit bien s'écrier à propos des glossateurs du moyen-âge : « Loin de dédaigner les tra- » vaux de la génération précédente, on s'en servait » comme d'un point de départ et d'appui pour arri- » ver à une plus grande intelligence des textes. On » ne s'évertuait pas à dire l'ancien dans des formes » nouvelles ; on était juste et respectueux pour la » science des prédécesseurs, sans néanmoins se croire » interdit le droit d'examiner et de perfectionner » leurs opinions ; ….mais on n'usurpait pas leurs » travaux sans les nommer³. »

Ce n'est-là, disons-le sans retard, qu'une plainte isolée après laquelle M. Pardessus reprendra promptement toute sa sérénité.

On se tromperait grandement si l'on ne voyait dans la *Collection des lois maritimes* qu'une compilation de textes. En dehors de l'Introduction consacrée à l'examen historique du commerce antérieurement à la découverte de l'Amérique, chacune des études con-

---

1. *Compte rendu des* Olim ; *Journal des Savants*, 1841, p. 83.
2. Voy. *suprà*, XVIII.
3. *Compte rendu de l'Histoire du Droit romain au moyen-âge* de M. de Savigny ; *Journal des Savants*, 1840, p. 467.

cernant les divers pays est précédée d'observations historiques et scientifiques qui ont demandé à l'auteur beaucoup de temps et de recherches. Il ne s'est pas contenté de lire les écrivains étrangers ; il pèse, il discute leurs opinions dans un examen approfondi des textes manuscrits ou imprimés. S'il sait séparer avec soin le vrai du faux et « rendre très souvent siennes » les idées d'autrui en les rendant justes[1], » il n'accepte point sans contrôle les sentiments des maîtres les plus autorisés ; on peut en juger en lisant son compte rendu de l'*Histoire du Droit romain au moyen-âge*, de M. de Savigny[2] ; on s'en convaincra également en l'entendant critiquer M. Victor Foucher de n'avoir pas indiqué dans sa *Collection des lois civiles et criminelles des États modernes*, l'origine des textes, omission qui l'empêche d'en vérifier l'exactitude[3] ; enfin, on peut l'apprécier à chaque pas dans les divers chapitres de la *Collection des lois maritimes*, comme on le verra également plus loin dans les études sur la *Loi Salique* et sur l'*Organisation judiciaire*.

Mais sa discussion n'est jamais acerbe ni violente ; sa parole n'est jamais provocante ; il fait de sa critique » l'art de contredire sans paraître blâmer, d'objec- » ter au lieu de combattre, et de faire réfléchir au » lieu d'offenser[4], » et l'on assiste ainsi à de savantes luttes dans lesquelles l'exposé est assez courtois pour que l'esprit en trouve la lecture attrayante, et

---

1. Mignet, *Portraits et notices historiques*, t. II. M. Rossi.
2. Voy. *Journal des Savants*, 1840, p. 41 et suiv., 93 et suiv., 152 et suiv., 460 et suiv.
3. Voy. *Journal des Savants*, 1842, p. 625 et suiv., 691 et suiv.
4. H. Rigault, *Œuv. compl.* t. IV. Étud. littér. et morales, p. 341.

assez complet pour que le lecteur puisse au besoin se faire une opinion en pleine connaissance de cause.

LXII

L'importance de ce travail était, certes, de nature à absorber toute l'attention, tout le temps de M. Pardessus ; il n'en fut pas ainsi cependant, et de 1833 à 1845, sans parler de sa grande étude sur la *Loi Salique*, il se livra à de nombreux travaux, soit pour l'Académie, dans les *Mémoires* de ce corps, soit dans des recueils spéciaux, tels que le *Journal des Savants*, la *Bibliothèque de l'École des Chartes*, la *Thémis*, la *Revue de législation*, etc.

Il avait publié en 1833 une étude très intéressante sur le Code de commerce espagnol[1].

Quelque temps après, revenant à ses premiers travaux sur le droit civil, il donnait son avis dans une question délicate, avec tout autant d'autorité et d'influence qu'il l'avait fait lorsqu'il siégeait à la Cour suprême.

On sait que le Code Napoléon n'est point complet sur la propriété industrielle, et que des lois particulières ont dû successivement en combler les lacunes. Les progrès de l'industrie, l'exploitation des mines, des canaux, des chemins de fer, avaient nécessité des dispositions spéciales, et il importait de coordonner avec le droit commun l'esprit de ces législations secondaires. Cette question avait en 1836 un intérêt considérable que venait de faire naître une contestation entre deux compagnies industrielles. Les concessionnaires du chemin de fer de Saint-Étienne à Lyon

---

1. Voy. *Revue de droit français et étranger*, de Fœlix. t. I, p. 281.

avaient rencontré dans l'exécution de leur ligne le périmètre des mines de Couzon ; le préfet du département fit défense aux concessionnaires des mines de poursuivre au-dessous de la voie ferrée des travaux qui pouvaient en compromettre la sûreté. Mais la compagnie de Saint-Etienne devait-elle une indemnité aux mines de Couzon ? M. Pardessus, consulté sur cette question, établit, dans une note substantielle[1], qu'une indemnité ne pouvait être réclamée au cas où l'administration elle-même prenait des mesures, dans les limites de son droit de surveillance et dans l'intérêt de la sécurité publique, et où il ne s'agissait pas de sacrifices demandés et obtenus par les concessionnaires du chemin de fer.

De 1838 à 1842, en même temps qu'il lisait à l'Académie un rapport sur les *Assises de Jérusalem* (1838)[2], un mémoire sur la distinction qu'il faut faire dans les textes de la *Loi Salique* (1839), et un rapport sur la continuation de la collection des *Chartes, Diplômes*, etc. (1842), il publiait dans le *Journal des Savants*, auquel il avait déjà donné, en 1831, son étude sur le *Gragas* (LV), plusieurs articles de critique, qui furent très remarqués, sur l'*Histoire du Droit romain au moyen-âge*, de M. de Savigny[3] ; la collection des *Olim*, de M. Beugnot[4] ; la *Collection des lois civiles et criminelles des États modernes*, de M. Victor Foucher[5]. Il

---

1. *Revue de législation*, 1836, t. IV. p. 130 et suiv.
2. *Suprà*, XIX. Voy. encore une lettre de M. Pardessus sur une *Dissertation de M. Taillandier, relative aux Assises de Jérusalem*, *Thémis*, t. IX, p. 444.
3. *Journal des Savants*, 1840, p. 41 et suiv., 93 et suiv., 152 et suiv., 460 et suiv.
4. *Ib.* 1840, p. 633 et suiv., 1841, p. 78 et suiv.
5. *Ib.* 1842, p. 625 et suiv., 691 et suiv.

avait fait encore insérer dans ce recueil, en 1839, une *Notice sur une loi inédite de Sigismond*, roi de Bourgogne, relative aux enfants exposés[1], et il y termina sa collaboration, en 1847, par un excellent article sur l'édition du *Glossaire de Du Cange*, que venait de donner M. Henschel[2]. Enfin, il avait publié dans le même recueil (mars 1842) un compte rendu du tome XX des *Ordonnances des rois de France de la troisième race*, édité par M. de Pastoret, qui venait de mourir[3].

On doit savoir gré à M. Pardessus d'avoir prêté le secours de ses lumières et de son érudition à l'appréciation d'œuvres aussi remarquables que celles de MM. de Savigny, Beugnot et Henschel; c'était la science jugée par la science. Quant à la collection de M. Victor Foucher, la critique en appartenait à M. Pardessus à tous les égards. Lui-même venait de faire paraître cinq volumes d'une collection des lois maritimes de l'Europe avant le XVIIIe siècle; puis, en ce qui concerne la législation française en vigueur en dehors de nos Codes, il en avait fait, comme membre de la commission nommée en 1824, ainsi que nous l'avons exposé plus haut (XXXIX), une étude spéciale; enfin, nous verrons bientôt qu'il donnait ses soins à une compilation des lois comparées sur le change. Il était donc en mesure de guider dans ses travaux à venir, avec la haute autorité de son âge, de son érudition et de ses œuvres personnelles, le jeune magistrat de la Cour de Rennes, et de lui signaler dès le début de sa publication, comme il le fit, du reste, en termes très-bienveillants au fond, les imperfections de sa compilation.

---

1. *Journal des Savants*, 1839, p. 385 et suiv.
2. *Ib.* 1847, p. 53 et suiv., **94** et suiv.
3. *Ib.* 1842, mars.

Hélas ! l'auteur de cette compilation, beaucoup plus jeune que son éminent critique, est lui-même aujourd'hui une figure historique. Après avoir suivi dans l'administration et dans la magistrature une carrière des plus honorables, M. Victor Foucher, conseiller à la Cour de Cassation, vient de mourir presque sur son siège de magistrat, enlevé par une attaque quasi foudroyante, à un âge où ses amis pouvaient encore pour lui, pour eux, pour les lettres, espérer une série considérable d'années [1].

En ce qui concerne les ouvrages de MM. de Savigny et Beugnot, M Pardessus en fait un examen approfondi, qui lui permet de combattre diverses opinions de l'un et de l'autre, et de critiquer, avec la plus complète indépendance, chez son collègue de l'Institut, plusieurs assertions erronées sur notre droit coutumier et sur notre organisation judiciaire au moyen-âge.

Il préparait, en 1840, la cinquième édition de son *Cours de droit commercial*. Il comprit l'utilité que présenterait une collection des arrêts des Cours du royaume en matière commerciale, reproduisant les motifs des décisions, la doctrine des auteurs, et renfermant une discussion sérieuse des diverses opinions. Depuis longtemps déjà, il rassemblait les matériaux de ce travail ; mais il ne trouva pas que l'époque fût favorable à cette publication volumineuse.

En même temps, il songeait à réaliser un projet mûri depuis plusieurs années et que ses travaux multipliés l'avaient empêché d'exécuter, celui de recueillir la législation générale sur le change, en comparant celle de la France avec les principales lois de

---

(1) M. Victor Foucher est décédé le 4 février 1866.

l'Europe sur le même objet. C'est à cette condition seulement qu'il devait consentir à donner une seconde édition de son *Traité du contrat et des lettres de change*, publié en 1809 (*suprà*, VI). Il rassembla les documents nécessaires pour mettre son projet à exécution, en adoptant le plan qu'il avait suivi pour sa collection des lois maritimes. Déjà, en 1832, dans sa *Lettre sur l'étude du droit commercial*, insérée par M. Dupin au nombre des lettres jointes par lui aux règles de la profession d'avocat ¹, il avait parlé de ce projet. Mais il se trouva encore arrêté, et les années 1841-1842 furent entièrement employées par M. Pardessus à la publication de la cinquième édition de son *Cours de droit commercial*, si complète, si riche en documents, et qui arrivait opportunément après les lois nouvelles sur les faillites et banqueroutes et sur la responsabilité des propriétaires de navires.

Nous parvenons ainsi à l'œuvre juridique capitale de M. Pardessus.

LXIII

M. Pardessus lut à l'Académie, le 14 juin 1839, un *Mémoire sur la distinction qu'on peut faire dans les textes de la Loi Salique, entre les titres principaux et les additions qu'elle a reçues dans la suite* ². Quelque temps après, il publia dans la *Bibliothèque de l'École des Chartes*, différents travaux se rattachant encore à notre ancien droit national, notamment des *Formules inédites*, et un *Fragment d'un commentaire inédit de la*

---

(1) Dupin, *Lettres sur la profession d'Avocat*, 5ᵉ édit., t. I, p. 422, *suprà*, LV.

(2) *Mémoire de l'Acad. des Inscr. et Belles-Lettres*, t. XV, p. 1, et suiv. publié en 1845.

Loi Salique (1839-1840), dont nous parlons plus loin (LXIV).

Mais ces essais divers se trouvèrent bientôt fondus dans un ouvrage considérable que M. Pardessus publia en 1843, sous le titre de : LOI SALIQUE, OU RECUEIL CONTENANT LES ANCIENNES RÉDACTIONS DE CETTE LOI ET LE TEXTE CONNU SOUS LE NOM DE *Lex emendata*, AVEC DES NOTES ET DES DISSERTATIONS.

Il reprenait à son tour un vaste document historique sur lequel des érudits, de savants académiciens, Vertot, Foncemagne, Bonnamy, Sallier, s'étaient déjà longuement exercés ; mais il n'hésitait pas à entreprendre ce travail à l'honneur de nos origines historiques, et dans le but de divulguer davantage un monument sur lequel nous ne possédions antérieurement que des données très incomplètes.

M. Pardessus voyait dans la Loi Salique, pour le droit français, ce que, pour le droit romain, Cicéron trouvait dans la loi des XII Tables, la source et le fondement de nos lois, *legum fontes et capita, auctoritatis pondere* [1] ; non pas qu'elle établisse les principes, les règles fondamentales de notre droit public ou privé, puisque, telle que nous la connaissons, elle ne fait guère que représenter le tarif des compositions ou indemnités pécuniaires qui devaient être payées pour le rachat des délits, ou fixer quelques points de droit incertains ; mais parce qu'aux yeux des Francs nos aïeux, elle constituait le droit par excellence, le droit commun des coutumes et usages. Peut-être dirait-on avec raison que les Francs prononçaient *secundum legem Salicam*, ou alléguaient *legem Salicam, pactum*

---

(1) *De l'Orateur*, I, 44.

legis Salicæ, comme, de nos jours encore, les Anglais invoquent leur *common law*, la loi commune, sorte de droit général incontesté qui n'existe point par texte imprimé ou manuscrit et qu'on présente, cependant, comme une législation si indubitablement reconnue et admise, qu'il a paru inutile de la fixer par écrit. Aussi, chercherait-on vainement les règles auxquelles renvoient certains passages par les mots *secundum legem Salicam*; elles ne figurent point dans la loi.

La Loi Salique était donc, à proprement parler, la loi des Francs Saliens, l'ensemble de leurs coutumes et usages, traditionnellement conservé dans leurs tribus.

Quant au texte qui nous est parvenu, en dehors de quelques points de droit public ou privé, c'est, ainsi que nous venons de l'indiquer, un tarif de compositions pour le rachat des délits qui, presque toujours, se rangeaient sous deux chefs, le vol et la violence contre les personnes. On n'y rencontre pas moins de 343 articles de droit pénal, dont 150 traitent du vol dans les plus minutieux détails, en tenant compte de la nature, de l'âge et du sexe, du nombre des animaux volés, du lieu, de l'époque du vol, etc., etc.; dont 113 prévoient et punissent les cas de violences contre les personnes.

Le caractère de la peine varie suivant qu'il s'agit d'esclaves, de colons ou d'hommes libres ; pour les premiers, les tortures et les supplices ; pour les hommes libres, point de peines corporelles, pas d'emprisonnement, dans des cas très rares la peine de mort, mais avec la faculté de s'en racheter, comme dans toutes les hypothèses, par le payement de la composition fixée, du *wehrgeld*, c'est-à-dire de la somme due à l'offensé ou à sa famille, et du *fredum*, sorte d'amende, de réparation pécuniaire publique payée au roi ou au magistrat. D'une part, on le voit, des peines marquées au coin d'un usage barbare et grossier; d'autre part, une extrême modération, un respect exagéré de la personne et de la liberté individuelle.

Tel est, en résumé, le fond de la Loi Salique.

A côté, ainsi que nous l'avons laissé entrevoir, quelques dispositions spéciales touchant la procédure, l'appel en justice, la preuve, les obligations du juge quant à l'application de la loi et à la fixation de la composition légale, un système général d'épreuves et de défense, le jugement de Dieu, l'eau bouillante, le combat, le serment des *conjuratores,* dont le nombre varie pour l'accusé comme pour l'offensé ou plaignant, et qui sont les parents, les amis, les voisins, venant, les uns, attester que le délit n'a pu être commis, les autres, affirmer, avec l'offensé, qu'il a dû être accompli.

Enfin, au-dessus de toute cette théorie, la plainte de la partie privée, l'absence de poursuite publique, le droit individuel uniquement consacré et sanctionné.

Ce Code des compositions, ce document antique de notre droit national, est précédé d'un préambule ou prologue, d'un caractère poétique et guerrier, que M. Augustin Thierry a comparé à la traduction d'une ancienne chanson française :

« La nation des Francs, illustre, fondée par le pou-
» voir de Dieu, forte à la guerre, ferme dans les trai-
» tés de paix, profonde au conseil, noble de corps,
» d'une blancheur sans tâche et d'une beauté singu-
» lière, hardie, agile et rude, convertie à la foi
» catholique et libre d'hérésie, recherchait sous l'ins-
» piration de Dieu, quand elle était encore attachée à

» une croyance barbare, recherchait la clé de la
» science, aspirant à la justice, suivant la nature de
» ses mœurs, et gardant la piété. Elle composa la Loi
» Salique par l'organe de ses chefs, de ceux qui gou-
» vernaient alors la nation, qui décrétèrent leur juge-
» ment de la manière qui suit... Puis, dès qu'avec la
» grâce de Dieu, Chlodewig, l'ardent et le beau,
» eût le premier reçu le baptême catholique, tout ce
» qui parut peu convenable dans ce pacte, fut corrigé
» et éclairé par les illustres rois Chlodewig, Hilde-
» bert et Clotaire, et ainsi fut dressé le décret suivant :
» Vive celui qui aime les Francs! etc., etc. »

Des érudits célèbres, Pithou, Bignon, Eccard, Wiarda, Feuerbach, etc., sans parler des académiciens Vertot, Foncemagne, Bonnamy, Sallier, d'historiens modernes très recommandables, MM. Augustin Thierry, Guizot, Henri Martin, ont consacré de sérieux travaux, des pages remarquables, à ce monument intéressant du droit originaire de nos pères [1].

M. Pardessus ne pouvait oublier, dans ses recherches des origines, la plus célèbre des lois barbares ; son texte, les considérations historiques et scientifiques qui doivent l'accompagner et l'éclairer, étaient, certes, de nature à tenter son zèle et son érudition, son ardeur si vive pour les explorations de notre ancien droit. Il s'occupa d'abord des textes de la Loi Salique et des distinctions qu'un examen approfondi conduit à faire entre les principaux et les additions postérieures, et en fit l'objet d'un Mémoire qu'il lut à l'Académie en 1839 ; puis, il embrasse le sujet

---

(1) Voy. encore ZOEPFF, *Origine et âge de la Loi Salique* (Revue de droit français et étranger, de Fœlix, t. VIII, p. 190), et une étude de M. LAFERRIÈRE (même recueil, t. XIX, p. 222).

dans toute son importance, sous toutes ses faces, et lui consacre une étude spéciale qu'il publie en 1843, et qui est restée le travail le plus considérable, le plus complet sur la matière, sur cette *lex Salica, pactum legis Salicæ,* qui doit avoir à nos yeux, un intérêt historique tout particulier.

Dans une Préface étendue et singulièrement riche en documents bibliographiques, M. Pardessus expose le plan de son ouvrage et le résultat de ses recherches sur les éditions de la Loi Salique, dont les manuscrits divers sont l'objet d'une description sommaire ; puis, il indique la nature des *Notes* dont il a fait suivre les textes, et des *Dissertations* qu'il y ajoute.

L'édition de M. Pardessus renferme, dans la première partie, huit TEXTES principaux différents de la Loi Salique, reproduits *in extenso* d'après tous les manuscrits connus, lesquels sont au nombre de 65, dont 30 à l'étranger, en Allemagne, en Italie, en Suisse, en Danemark, et 35 en France, sur lesquels 29 appartiennent à la Bibliothèque impériale. Il publie ensuite deux *Prologues,* que l'on trouve, dans plusieurs manuscrits, avant le texte de la loi, et un *Épilogue* qui suit le texte. Après ces documents en vient un autre relatif à des résumés faits pour soulager la mémoire quant au tarif des compositions, et appelés *Recapitulationes solidorum.*

Dans ses NOTES. M. Pardessus donne l'explication des mots et des dispositions qui lui ont paru avoir besoin d'éclaircissements, compare les différents textes et établit la concordance de la Loi Salique avec les lois des Ripuaires, des Bourguignons, etc., en vigueur chez les Francs à l'époque de la Loi Salique [1].

---

(1). Le recueil La *Thémis,* t. II, p. 305, 401, renferme un article

Enfin, M. Pardessus consacre quatorze DISSERTATIONS aux points les plus remarquables du droit privé des Francs sous la première race. C'est là, pour nous, la partie la plus importante de l'œuvre, et nous regrettons que le cadre, déjà très étendu de cette étude, nous empêche d'en donner le résumé exact et d'indiquer les observations que suggère l'examen approfondi de la matière.

Tel est le plan logique adopté et suivi par M. Pardessus.

Il savait qu'une bonne division répand la lumière et la clarté dans toute question délicate [1], et l'ordre qu'il apporta dans ses Dissertations lui permit de commenter toutes les dispositions générales de la Loi Salique.

Les rédactions de la loi, — l'application aux vaincus de leur législation d'origine, l'état des personnes libres dans la vie de famille et dans la vie politique, — l'influence de la vassalité sur cet état, — la situation des Romains et des esclaves sous la Loi Salique, — les règles concernant la propriété foncière, l'organisation judiciaire, la procédure, les modes de preuve et les compositions, — la législation des mariages et des successions, — sont autant de points traités à fond par M. Pardessus, et dont plusieurs présentent aujourd'hui encore, en ce qui concerne notre ancien droit français, un très grand intérêt.

Les Dissertations sur la Loi Salique, comme l'*Essai*

---

intéressant : *Comparaison des lois politiques des Francs avec celles des Bourguignons et des Ripuaires*, par M. de P..., — que M. Pardessus ne nous paraît pas avoir connu.

1. « *Recte habita partitio illustrem et perspicuam totam efficit rationem.* » (CICÉRON, *de l'Invention*, liv. I, 22.)

sur l'organisation judiciaire, dont nous parlerons bientôt, offrent à la lecture un véritable attrait. Les notions légales sont accidentées de faits historiques qui en rompent la monotonie et l'uniformité [1].

Il serait difficile de signaler, dans une étude générale sur la vie et les travaux de M. Pardessus, toutes les discussions scientifiques et juridiques si remarquables qu'on trouve à chaque pas dans ses dissertations. Cependant, nous ne pouvons nous priver d'indiquer plus particulièrement quelques points qui permettent d'apprécier la sûreté et la profondeur de ses vues et de sa critique.

M. Pardessus soutient, contre Daniel, Montesquieu et Mably, et à propos du droit que chacun avait dans l'empire des Francs d'être jugé par sa loi d'origine (2ᵉ Diss.), qu'un étranger ne pouvait se soustraire à la différence des compositions en déclarant vouloir être régi désormais par la Loi Salique. C'est là un point que M. de Savigny a traité dans son *Histoire du Droit romain au moyen-âge* [2], et sur lequel il partage l'opinion de M. Pardessus.

Il retrace, à l'aide de documents certains, la véritable situation des *Lites* (4ᵉ *Diss.*) et des *Antrustions* (5ᵉ *Diss.*), et relève quelques erreurs de Montesquieu qui n'avait pas à sa disposition de renseignements suffisants. — Sa dissertation cinquième sur la vassalité et sur les effets qu'elle produisait est un chef-d'œuvre de critique et d'aperçus historiques. — Dans la sixième, il attaque vertement l'opinion de Boulain-

---

1. « *Omnibus in rebus similitudo satietatis mater.* » (Cicéron, *de l'Invention,* liv. I, 41.)

2. *Journal des Savants,* 1840, p. 41 et suiv., 93 et suiv., 152 et suiv., 460 et suiv.

villiers qui a présenté a un point de vue tout-à-fait erroné la position, d'après la Loi Salique, des Romains dont il a fait de véritables esclaves, et il combat le sentiment de M. de Savigny, qui a crû devoir maintenir aux juridictions romaines la connaissance des affaires entre Romains. — Il est en désaccord avec M. Guizot quant au partage individuel qui se serait effectué lors de l'établissement des Francs dans la Gaule (8ᵉ *Diss*). — Dans son examen de la propriété foncière, il considère la question si intéressante de savoir si les propriétés immobilières étaient soumises à un impôt direct envers le fisc, à ce que nous appelons la *contribution foncière*, et il arrive à cette conclusion qu'une redevance était due, même par les Francs, quant aux biens qu'ils tenaient non du partage, mais des Romains (8ᵉ *Diss*.). — La législation des mariages est traitée avec de grands développements (13ᵉ *Diss*.) : il revient sur un point de droit curieux qu'il a déjà examiné dans son *Mémoire sur le droit coutumier* (*suprà*, n° XVIII), et sur lequel se sont établies de vives controverses qui ne sont point encore apaisées, celui de savoir si la communauté de biens existait chez les Germains. Expliquant le texte de César[1], il précise sa pensée à cet égard et prouve qu'une sorte de communauté entre époux figurait dans les stipulations frankes. — Le point le plus remarquable de la dernière dissertation, consacrée à la législation des successions, est l'explication fournie par M. Pardessus — sur la *Terra Salica*, qui n'était, en réalité, que le patrimoine des aïeux, *paternica*, *aviatica*, — et sur le principe de l'exclusion des

---

1. *De bello gallico*, lib. VI, cap. XIX.

femmes des biens propres, de la *Terra Salica*, en présence des mâles, principe qui, nous le savons, a passé dans notre droit politique avec toute sa rigueur, celle de l'exclusion complète des femmes de la couronne de France, considérée par nos aïeux comme un fief militaire né de la conquête.

Dans toutes ces dissertations, M. Pardessus se trouve assez fréquemment en désaccord avec des hommes dont le nom fait autorité dans la science ; sa discussion, le plus souvent calme, est quelquefois vive, sa critique animée ; « mais il sait l'art d'être sévère sans être offensant [1] », et cette critique ne cesse jamais d'être digne, et de son caractère, et de la situation de ses contradicteurs, et du sujet qu'il traite.

C'est tout ce que nous disons de cet important ouvrage auquel nous avons consacré un temps qui comptera, dans notre vie d'étude, comme l'un des plus profitables.

LXIV

M. Pardessus avait conservé son cabinet, et ses consultations étaient toujours recherchées. C'est en rappelant cette particularité que des critiques ont cru voir dans l'ouvrage sur la Loi Salique plutôt le travail d'un jurisconsulte que celui d'un savant, d'un érudit. Cette opinion manque de justice. Nous pensons que l'œuvre révèle amplement les qualités de l'un et de l'autre, et que M. Pardessus a sagement et habilement profité de ses connaissances juridiques pour indiquer en même temps l'application des principes que la science

---

1. VILLEMAIN, *Discours sur la critique*.

fait connaître et les lois qui en sont la conséquence, et pour rapprocher les résultats pratiques des données de la théorie. Et cependant, il faut reconnaître que les discussions, les dissertations purement légales ou juridiques sont très rares, et que, dans son ensemble, l'ouvrage sur la Loi Salique peut et doit être considéré comme l'œuvre très remarquable d'un académicien. C'est le jugement qui en a été porté jusqu'à présent; c'est celui que la postérité confirmera.

Le nom de M. Pardessus était désormais populaire dans la science, et la publication de son dernier volume de sa collection des lois maritimes (1845) mit le sceau à sa réputation. L'Académie des Inscriptions et Belles-Lettres devait être glorieuse de son choix : elle donna à M. Pardessus la preuve la plus honorable de ses sentiments en l'appelant, en 1845, à la présidence de la compagnie.

M. Pardessus songeait depuis de longues années à la réorganisation d'une école appelée à rendre à la science les services les plus signalés et à former des jeunes gens à des études spéciales qui leur permissent d'aider l'Académie dans l'exécution des grands travaux qu'elle avait entrepris et dont les principaux avaient été confiés à M. Pardessus.

Nous voulons parler de l'*École des Chartes*.

En 1806, M. de Gérando, secrétaire général du ministère de l'intérieur, présenta au ministre de ce département un projet relatif à la création d'un grand établissement national, où des savants âgés formeraient à la connaissance des chartes et des manuscrits du moyen-âge, des pensionnaires pris parmi les jeunes gens distingués par leurs études et portés par un goût particulier vers les sciences historiques. L'Empereur, à qui le projet fut soumis par M. de Ca-

dore, accueillit l'idée en principe et demanda des renseignements plus complets. Les évènements politiques empêchèrent de donner suite à la proposition. Mais M. de Gérando ne se découragea pas et le soumit à nouveau, en 1820, au ministre de l'intérieur, M. le comte Siméon. Celui-ci présenta au Roi un rapport sur lequel fut rendue une ordonnance, en date du 22 février 1821, créant à Paris une *École des Chartes* destinée « à ranimer un genre d'étude indis-
» pensable à la gloire de la France et à fournir à
» l'Académie des Inscriptions et Belles-Lettres tous les
» moyens nécessaires pour l'avancement des travaux
» confiés à ses soins. »

Les encouragements attachés au titre d'élève, et notamment le traitement, ayant été supprimés en 1824, l'institution tomba en désuétude. En 1829, le directeur du personnel au ministère de l'intérieur, le savant et digne magistrat qu'a connu et estimé la génération de 1830, le regretté M. Rives, voulut lui rendre son activité et rédiger un projet de rapport qui fut soumis au Roi par M. de la Bourdonnaye et suivi de l'ordonnance du 11 novembre 1829, contenant la réorganisation de l'École des Chartes.

Le lendemain, le ministre demanda à l'Académie des Inscriptions et Belles-Lettres un règlement pour cette École. La commission nommée par le corps savant choisit comme rapporteur M. Pardessus qui, le 4 décembre 1829, présenta à l'Académie un mémoire sur la réorganisation de l'École, indiquant les développements qu'on pourrait donner à l'institution, la discipline et l'ordre des études, et un projet de règlement. L'Académie adopta les conclusions de ce rapport et l'adressa officiellement au ministre. Aucune suite ne lui fut donnée ; un règlement provisoire fut simplement arrêté par le nouveau ministre, M. de Montbel.

La commission de surveillance, nommée conformément à l'ordonnance de 1829, choisit, le 4 février 1830, pour président M. Pardessus et pour secrétaire M. Daunou, c'est-à-dire les deux membres que l'Académie des Inscriptions et Belles-Lettres avait désignés pour la représenter.

En 1840, plusieurs élèves avaient déjà produit des travaux remarquables ; quelques-uns se trouvaient placés à la tête de nos dépôts d'archives provinciales les plus importants ; d'autres coopéraient sous la direction de MM. Pardessus, Augustin Thierry, Fauriel, Guérard, Michelet et Beugnot, aux belles publications exécutées et entreprises sous les auspices de l'Académie et du ministre de l'instruction publique. Un arrêté de M. de Salvandy, ministre de ce département, en date du 9 décembre 1846, porta de trois à six le nombre des élèves de l'École des Chartes attachés à l'Académie pour la publication des Tables de Bréquigny. Un autre arrêté du 7 janvier 1847 maintint, sous le titre de *Conseil de perfectionnement* de l'École des Chartes, la commission qui existait près cette École et dont le nombre des membres avait été porté à huit en 1846, plus le président qui était et resta M. Pardessus. Inutile de dire qu'il avait pris à cœur ces honorables fonctions. Il fit de nombreuses démarches auprès du ministre de l'instruction publique pour arriver à une organisation satisfaisante de l'École et obtint une augmentation dans la rétribution des élèves chargés d'aider l'Académie dans ses travaux. M. de Salvandy avait élevé cette utile institution à un degré de développement qu'elle n'avait point encore atteint.

C'est en 1851 que nous voyons M. Pardessus intervenir pour la dernière fois dans l'administration de l'École. Il adressa au ministre de l'instruction publique un rapport sur l'acte public soutenu par les élèves de troisième année. Il le terminait en rappelant les progrès sensibles accomplis depuis la réorganisation de 1846. l'importance des travaux publiés, et en rendant justice et louange au zèle et au dévouement des professeurs.

La *Société de l'École royale des Chartes*, fondée au mois d'août 1839 par les anciens et les nouveaux élèves de l'École, décida qu'elle publierait, sous le titre de *Bibliothèque de l'École des Chartes*, un recueil périodique spécialement destiné aux travaux de ses membres. Cette excellente publication, commencée en 1839-1840, se continua sans interruption. Aujourd'hui elle comprend deux séries et constitue l'une des meilleures revues scientifiques que nous possédions.

M. Pardessus ne pouvait rester indifférent à son succès. Il lui communiqua plusieurs articles importants : — 1° Un travail sur une *Formule inédite* relative aux moyens donnés à ceux qui avaient perdu leurs titres, de suppléer à cette perte (tome Ier, 1re sér. 1839-1840, p. 217 et suiv.); — 2° un *Fragment d'un commentaire inédit de la Loi Salique*, se rattachant au texte de la *Lex emendata a Carolo magno*, que M. Pardessus devait développer bientôt dans son étude générale sur la Loi Salique (*Ib*. p. 409 et suiv.); — 3° un aperçu sur les *Juridictions privées ou patrimoniales sous les deux premières races*, fondu plus tard dans l'*Essai sur l'organisation judiciaire* (*suprà*, LXVI) qui devait paraître en 1849 (t. II, 1re sér. 1840-1841, p. 97 et suiv.); — 4° un examen de la formule *Cum stipulatione subnexa*, qui se trouve dans un grand nombre de chartes, sorte de clause pénale dérivant de la constitution arcadienne ou de la stipulation aquilienne (*ib.* p. 425 et suiv.), et dont M. Pardessus s'est occupé dans sa onzième dissertation sur la Loi Salique ; — 5° une *Notice sur les manuscrits de formules relatives au droit observé dans l'Empire des Francs*, suivi de quatorze formules inédites concernant le mandat ou procuration pour requérir l'insertion d'actes sur les registres de la curie ; les donations, *cessiones*, à des établissements religieux ; le divorce, *securitas, libellum repudii* ; les priviléges ou bénéfices ; les précaires ou concessions en usufruit, *prœcaria* ; les décharges ou libérations de comptables et dépositaires, etc., etc. (t. IV, 1re sér. 1842-1843, p. 1 et suiv.) ; — 6° enfin, un examen de la *Juridiction exercée par la cour féodale du roi sur les grands vassaux de la couronne, pendant les* XIe XIIe *et* XIIIe *siècles* (t. IV, 2e sér. 1847-1848, p. 281 et suiv.), qui n'est, en réalité, qu'un fragment de l'*Essai sur l'organisation judiciaire* que M. Pardessus lut à l'Académie en 1846, 1847, 1848, et qui précède le tome XXI des *Ordonnances*.

LXV

Après cet exposé l'on comprendra de quelle importance était pour l'Académie des Inscriptions et Belles-Lettres, en 1845, la question de la réorganisation de l'École des Chartes. La compagnie avait, en effet, à cette époque, des travaux immenses en cours de publication. — Le tome Ier des *Diplomata, chartæ, epistolæ, leges, etc.*, de la collection entreprise par MM. de Bréquigny et La Porte du Theil, avait paru en

1843, édité par M. Pardessus qui en donna le tome II en 1849, publiant, en même temps, les tomes IV, V et VI de la Table chronologique des *Diplômes, chartes, titres et actes imprimés, concernant l'histoire de France*. — En outre, M. Pardessus s'occupait de la publication du tome XXI des *Ordonnances des Rois de France de la troisième race*, qui parut en 1849, et de la *Table chronologique des Ordonnances de la troisième race*, éditée en 1847, et qui présentait cet avantage inappréciable de condenser les documents et de permettre aux savants, aux érudits, aux curieux, d'embrasser désormais facilement toute une matière à l'aide de la *Table alphabétique* que M. Pardessus a jointe à la première. La mission de l'Académie s'arrêtait à la troisième race, au règne de Louis XII inclusivement, et c'est M. Pardessus qui eut l'honneur de clore la collection par le tome XXI. L'Académie ayant décidé, en 1846, qu'il serait fait un *Supplément à la Collection des Ordonnances*, M. Pardessus fut encore chargé de ce travail pour la préparation duquel il fut autorisé à s'aider du concours d'un élève de l'École des Chartes.

LXVI

La publication du tome XXI des Ordonnances avait été retardée par la préparation et l'impression d'une vaste étude qui devait figurer en tête de ce volume et que M. Pardessus avait lue à l'Académie aux séances des 13 mars 1846 et 22 octobre 1847.

C'était l'Essai historique sur l'organisation judiciaire et l'administration de la justice

DEPUIS HUGUES CAPET JUSQU'A LOUIS XII, qui fut réimprimé et édité isolément en 1851.

M. Pardessus avait près de quatre-vingts ans lorsqu'il publia ce travail. Jamais il n'avait été plus remarquable par l'érudition, en même temps que par la clarté de la rédaction et l'à propos des développements. Au point de vue scientifique et littéraire, il suivait la trace de ces jurisconsultes dont parle Quintilien, qui s'attachaient avec tant de scrupule à la propriété des termes[1]. L'âge est venu, et cependant, pour démentir l'appréciation du poète[2], M. Pardessus n'a point changé. On découvre facilement, toutefois, plus de calme dans la pensée, de froideur dans la controverse, plus de poids et d'insistance didactique dans les démonstrations, et l'on retrouve dans cette étude toute la *dignité académique*, si nous pouvons employer ces expressions, que Laurière, de Bréquigny et M. de Pastoret avaient apportée dans les préambules que nous lisons en tête d'autres volumes de la collection des ordonnances. L'ouvrage est parcouru par le lecteur sans peine, sans fatigue, parce que le fond en est des plus intéressants et que la production de la pensée y est toujours simple, juste, correcte, sans prétention. C'est bien là le *decorus sermo senis, quietus et remissus,* dont parle Cicéron[3], ce verbe calme et reposé, qui ne peut que donner une plus grande autorité aux enseignements de la science.

Nul ne pouvait être dans une situation plus favora-

---

1. « *Jurisconsulti quorum summus circa verborum proprietatem labor est.* » (*De Instit. orat.* lib. V, cap. XIX, § 34.)
2. « *Non eadem est ætas, non mens.* » (HORACE, Épître Iʳᵉ, liv. Iᵉʳ).
3. *De la Vieillesse,* LX.

ble que M. Pardessus, pour concevoir et exécuter un semblable travail. L'étude qu'il avait faite de la Loi Salique dans ses remarquables Dissertations, lui en fournissait la base, et pour relier ce point de départ au terme final, l'état de l'organisation judiciaire à l'extinction de la troisième race de nos rois, il pouvait puiser et dans ses connaissances du droit coutumier et de ses origines (*suprà,* XVIII), et dans cette collection des ordonnances dont il avait publié la Table chronologique et dont il préparait le tome XXI dans lequel se rencontrent les documents les plus importants de la matière, c'est-à-dire les grandes ordonnances de Charles VIII et de Louis XII auxquelles on devait un système qui se maintint sans modification considérable jusqu'à la Révolution.

Le plan de l'ouvrage est indiqué dans la savante *Introduction* qui le précède.

Et d'abord, une première division des justices en LAÏQUES et ECCLÉSIASTIQUES.

Les juridictions LAÏQUES comprennent les justices royales, seigneuriales et municipales. Parmi les juridictions *royales* — les unes sont souveraines ; ce sont la cour primitive du roi et les juridictions qui en sont sorties, c'est-à-dire le Grand-Conseil, le Parlement, les Chambres des Comptes, du Trésor, des Monnaies, des Aides ; — les autres, non souveraines, se subdivisent en deux classes, dont la première comprend les grands bailliages, les grandes sénéchaussées, la grande maîtrise des eaux et forêts, l'amirauté, et dont la seconde renferme les juridictions, dites inférieures, soit administratives et judiciaires comme les élections, les amirautés, les maîtrises des eaux et forêts, l'hôtel des monnaies, soient purement judiciaires comme les prévôtés, le Châtelet de Paris, etc. Les juridictions *seigneuriales* différaient suivant qu'il s'agissait de pays hors l'obéissance le roi ou de pays d'obéissance le roi. Enfin, certaines villes avaient conservé un droit de justice *municipale*.

Les juridictions ECCLÉSIASTIQUES avaient une législation spéciale puisée dans le droit romain et les canons des conciles, s'exerçant soit *ratione personæ*, soit *ratione materiæ*; mais dès les XIVe et XVe siècles, ces juridictions, au secours desquelles ne venait plus le pouvoir laïque quant à l'exécution des mandements, et qui n'avaient point de droit de coërcition corporelle, perdaient déjà leurs attributions et se trouvaient réduites aux seules affaires spirituelles ou de discipline ecclésiastique.

Il serait besoin d'une analyse complète de l'œuvre et d'un travail d'ensemble destiné à relier cet Essai, d'une part, à l'organisation résultant de la Loi Salique et de la situation sous les deux premières races, d'autre part, à nos institutions modernes. Notre cadre ne nous permet pas ce travail.

Voici le tableau des justices d'après l'ouvrage de M. Pardessus :

Tableau des Justices.

JURIDICTIONS LAÏQUES.	JURIDICTIONS ROYALES.	JURIDICTIONS ROYALES SOUVERAINES.	COUR PRIMITIVE DU ROI....................................	Conseil ou Grand-Conseil.
			JURIDICTIONS SORTIES DE LA COUR PRIMITIVE DU ROI.	Parlement................................ Chambre ou Cour des comptes........ Chambre du Trésor.................... Chambre ou Cour des monnaies...... Chambre ou Cour des aides..........
		JURIDICTIONS ROYALES NON SOUVERAINES.	1ʳᵉ CLASSE..	Grands bailliages.................... Grandes sénéchaussées................ Amirauté............................. Grande maîtrise des eaux et forêts..
			2ᵉ CLASSE OU INFÉRIEURES..	JURIDICTIONS ADMINISTRATIVES ET JUDICIAIRES.. { Élections................... Amirautés................... Maîtrises des eaux et forêts. Hôtels des monnaies........
				JURIDICTIONS PUREMENT JUDICIAIRES..............
	JURIDICTIONS SEIGNEURIALES.	Pays hors l'obéissance le roi............ Pays d'obéissance le roi............		
	JURIDICTIONS MUNICIPALES...............			
JURIDICTIONS ECCLÉSIASTIQUES...............				

Il semble que M. Pardessus ait pris pour base de son propre travail ces lignes que lui-même traça sur certaines études du chancelier d'Aguesseau : « En
» dégageant les notions relatives à ces matières, jadis
» si importantes dans le droit public français, de tout
» faux système et de toute vaine conjecture, il a su
» également les dépouiller de la sécheresse qui sem-
» blait en être inséparable et y répandre un intérêt
» dont elles ne paraissaient pas susceptibles [1]. »

C'est qu'en effet on rencontre dans plusieurs discussions scientifiques sur des points d'une histoire bien éloignée de nous, un attrait que n'offrent pas à un plus haut degré les questions contemporaines. Quoi de plus intéressant, par exemple, que cette narration du jugement de Jean Sans-Terre et de sa condamnation par la Cour des Pairs? Quoi de plus instructif que la composition de cette même Cour? C'est une partie même de notre histoire, et la solution de ce point nous importe autant aujourd'hui qu'elle pouvait intéresser sous les gouvernements qui ont précédé. Nos annales sont chose précieuse, et nous y serons d'autant plus attachés que l'hypothèse, les suppositions hasardées en auront été bannies. Quant à nous, cette donnée historique nous a paru tellement digne d'attention, que nous avons apporté tout notre zèle à contrôler l'opinion même de M. Pardessus et à nous pénétrer de la légitimité de ses conclusions par l'examen de tous les documents propres à nous éclairer. Quoi de plus intéressant encore, au point de vue même de notre organisation judiciaire moderne, au point de vue de l'administration générale de la justice, que ces

---

1. Discours préliminaire, p. 31, *supra*, XI.

notions substantielles sur la Cour primitive du roi et sur les juridictions qui en dérivèrent, le Grand-Conseil, notamment, et le Parlement ? C'est là que nous trouvons des renseignements précieux sur le *ministère public*, dont M. Pardessus exprime si bien ailleurs les nobles fonctions et le rôle important ¹.

C'est là, et peut être là uniquement, ou du moins d'une manière complète, que nous sont fournies ces notions si utiles sur les juridictions privées ou patrimoniales exercées par les propriétaires sur les membres de leur famille, sur leurs Lites, sur tous ceux qui s'étaient attachés à eux par la foi, et dont M. Pardessus s'était déjà spécialement occupé dans une étude particulière ².

Nous assistons avec lui aux progrès du pouvoir féodal par la création des justices, puis à son abaissement continu à la suite de divers événements préparés par la royauté ou dont elle sait tirer profit : la création du *ressort*, qui la ramène à la conquête d'une souveraineté dont elle avait perdu l'exercice ; — les *cas royaux*, c'est-à-dire une certaine classe de crimes et délits dont elle retient la connaissance à l'encontre des justices seigneuriales ; — la *prévention*, qui lui permet de se saisir, pour cause de lenteur ou de retard, des affaires litigieuses des sujets ; — enfin, la *compétence territoriale*, qui devient un principe incontesté et constitue la proclamation même de la prépondérance royale. C'est seulement alors qu'il est vrai de dire que *toute justice émane du roi*. Le fait est désor-

---

1. V. *suprà*, XIV, M. Pardessus magistrat.
2. *De la Justice exercée par la Cour féodale du roi sur les grands vassaux de la couronne, pendant les* xiᵉ, xiiᵉ *et* xiiiᵉ *siècles;* Bibliothèque de l'Ecole des Chartes, t. IV, 2ᵉ sér., p. 281 et suiv.

mais lié au principe; le pouvoir central est formé, et on ne tentera plus de le méconnaître quand il aura passé par les mains de Louis XI, d'Henri IV, de Richelieu et de Louis XIV.

Les juridictions municipales n'offrent pas un moindre intérêt historique. Le pouvoir seigneurial n'avait pas tout englobé dans sa violente usurpation ; certaines villes avaient reçu des chartes de coutumes ou de juridiction par suite de transactions avec les seigneurs ; à la vérité, elles relevaient bien encore des grands vassaux, mais la révolution sociale dont nous venons de parler manifesta son influence ici comme dans les juridictions seigneuriales, et le principe *toute justice émane du roi* devint d'une application générale.

C'est là encore que nous lisons des renseignements pleins d'utilité sur le *contentieux administratif*, sur les *évocations*, les *greffes*, l'*enregistrement* des arrêts, et sur le principe de l'*inamovibilité* de la magistrature, base fondamentale d'indépendance à laquelle M. Pardessus avait lui-même, dans une grande assemblée, rendu un éclatant et public hommage [1].

Rien de plus instructif que le tableau de la conduite du Parlement pendant la démence de Charles VI et jusqu'à la rentrée de Charles VII à Paris. Nous voyons M. Pardessus soutenir, contre Boulainvilliers, Voltaire et plusieurs écrivains, qu'on ne doit point attribuer au Parlement de Paris l'arrêt qui déclarait le dauphin Charles déchu et banni, parce que le vrai Parlement, non celui d'Isabelle, résidait à Poitiers, où il resta jusqu'à ce que Charles VII l'eût rappelé à Paris en 1436.

---

1. Chambre des députés, session de 1815, *suprà*, XXV, et session de 1824, *Loi sur la retraite des magistrats atteints d'infirmités*, *suprà*, XXXVII.

Mais il faudrait tout citer dans cette magnifique étude et nous devons nous restreindre. Un mot encore, cependant, sur un point historique controversé.

M. Pardessus explique avec une grande sagacité la maxime *Fief et justice n'ont rien de commun* ou *Autre chose est le fief, autre chose la justice*, et établit de la façon la plus péremptoire que la justice n'était point un droit inhérent au fief même, contre l'opinion de Montesquieu qui a soutenu l'existence de la doctrine opposée au moins jusqu'au XIIe siècle.

Enfin, tout en reconnaissant et en montrant les abus attachés à la juridiction ecclésiastique et qui en amenèrent la chute, M. Pardessus recommande la plus grande réserve dans la critique à cet égard. On ne peut nier, en effet, que cette justice n'ait puisé son origine dans la confiance des peuples et qu'elle n'ait apporté un frein salutaire à la barbarie et à l'arbitraire seigneurial. Pour apprécier sainement et impartialement cette institution, il faut se reporter à l'époque où elle existait ; la juger avec nos idées modernes et sous l'influence de notre constitution politique, sociale et religieuse actuelle, serait une inconséquence dont tout esprit judicieux saura se préserver.

Tel est, en abrégé, le dernier ouvrage complet de M. Pardessus, l'œuvre qui a clos si dignement sa carrière de savant et qui, jointe à son étude de la Loi Salique, constitue un monument scientifique et historique impérissable.

LXVII

L'esprit s'arrête émerveillé quand on songe que c'est là l'œuvre d'un vieillard presque octogénaire ; on ne sait ce que l'on doit le plus admirer de la lucidité, de la rectitude des appréciations qui indiquent la sérénité de l'esprit, ou des immenses recherches que ce travail a nécessitées à M. Pardessus, déjà tremblant sous le poids des ans et de la maladie, et qu'il indique à chaque pas pour que la démonstration théorique soit suivie immédiatement d'une preuve quasi matérielle. C'était le complément d'un demi-siècle de labeurs, le couronnement d'une vie exclusivement consacrée depuis vingt ans au culte de la science juridique.

On comprend maintenant ce qu'a été la retraite de M. Pardessus. Il ne s'était point retiré de la lutte, en 1830, lassé ou dégoûté de ses agitations, pour se livrer au repos que ses travaux déjà nombreux et estimés l'autorisaient à prendre ; non ; ce repos aurait été aussi contraire au besoin d'activité de sa nature physique qu'aux aspirations de son esprit. Il avait cessé d'être utile au pays en abandonnant toute participation aux affaires politiques ; il n'avait pas cessé d'être utile à la chose publique, tant était incontestable et fructueux pour la science et l'histoire générale l'intérêt qui s'attachait à ses travaux ! Passionné pour l'étude du passé dans lequel il recherchait toujours des améliorations, il savait éloigner l'abstraction de cette étude et jugeait sainement le progrès par la comparaison des institutions et de leurs résultats. Peut-être même, tant son âme réagissait contre certaines théories modernes, peut-être se réjouissait-il quand, en présence de deux systèmes, l'un ancien, l'autre nouveau, sur la même matière, il pouvait se prononcer sûrement pour le premier. On le croirait, à la lecture d'un passage de son examen de la Loi Salique. On sait que la dot de la veuve qui se remariait retournait aux enfants du premier lit ; tandis qu'aujourd'hui les enfants du second lit peuvent aussi profiter des avantages faits à leur mère par le père de ceux du premier : « Peut-être, dit alors M. Pardessus, » ne serait-il pas interdit d'en conclure que nos pères » ont été plus sages que nous ! [1] »

Mais ce n'est là qu'une appréciation de savant, exempte de toute allusion malicieuse. C'est à peine si, à de rares occasions, on l'entend exprimer sa pensée sur les choses du jour, sur les événements de l'époque. En parlant des parlements et de leur lutte contre la royauté, se terminant, à une date célèbre, par la chute des deux pouvoirs qui se disputaient l'arène depuis si longtemps, il dira bien que « sur » leurs débris s'éleva une révolution qui dure depuis » cinquante ans et dont nos petits-fils semblent an- » noncer le désir de recommencer toutes les phases[2]; » mais c'est tout, et son esprit remonte promptement vers les hauteurs sereines de la science, comme s'il regrettait le mot de critique qui vient de s'échapper de ses lèvres.

Dans une autre circonstance, il aura peut-être une pensée amère au sujet de l'enseignement moderne ; ainsi, à propos de la décadence des études à la fin du XIIIe siècle, il écrira : « Autrefois, les professeurs fai- » saient des leçons élémentaires pour leurs élèves et » des traités approfondis pour les jurisconsultes. » Dans la nouvelle école, le nombre des compositions » écrites diminue, et le professeur, parlant toujours » à des élèves dont il faut capter les suffrages à tout » prix, entre dans une multitude de détails qui ne

---

1. *Loi Salique*, 13e Dissertation, IV, *Des seconds mariages*.
2. *Compte rendu des* OLIM *de M. Beugnot*; *Journal des Savants*, 1840, p. 702.

» laissent plus rien à l'exercice de leur intelligence.
» Pour comble de malheur, les gouvernements se
» mêlèrent de l'enseignement ; ils astreignirent les
» professeurs à suivre des programmes ; ils multi-
» plièrent, sans consulter les Universités, les matières
» qui devaient être enseignées. M. de Savigny a
» développé à ce sujet, dans son chapitre XLVII, des
» considérations pleines de raison et de finesse qui
» ne seront pas lues sans fruit par les hommes char-
» gés du perfectionnement des hautes études[1] ; » et
il semble bien qu'il s'appropriera la malicieuse critique du savant professeur allemand ; mais l'expression
de sa pensée n'ira pas plus loin et il se bornera à ces
observations.

Une seule fois, son âme, si bonne, si indulgente,
paraît empreinte d'un sentiment acerbe contre un adversaire. L'excitant tableau de la politique et de ses
froissements se développe à ses regards, envahit sa
pensée, et il exhale sa plainte en termes amers. C'est
dans son étude de la Loi Salique que nous assistons à
ce phénomène de son esprit. Il a soutenu, nous le
savons, que les Romains, vaincus par les Francs,
n'avaient pas été soumis à la servitude[2]. Il rencontre
alors, comme adepte de la théorie exagérée de Boulainvilliers, un homme qui, en 1826, avait attaqué
le système politique de son ami, M. de Villèle, et
critiqué l'organisation de l'enseignement secondaire
(*suprà*, XLVII) ; il oublie sa réserve ordinaire et laisse
courir sa plume au gré de sa pensée irritée : « Il est
» inutile aujourd'hui, s'écrie-t-il, de rechercher

---

1. Compte rendu de l'*Histoire du droit romain au moyen-âge*, de M. de Savigny, *Journal des Savants*, 1840, p. 468.
2. *Suprà*, LXIII.

» quelle était la secrète pensée de Boulainvilliers et
» de Montlosier, de ce dernier surtout, qui, tout en
» ayant poussé aux conséquences les plus extrêmes
» les opinions aristocratiques du premier, a obtenu
» le singulier privilège d'être prôné par les écrivains
» libéraux. *Habent sua fata libelli!* Je me borne à
» dire que ces systèmes exagérés n'ont pas été et ne
» pouvaient être adoptés par quiconque se livrait à
» un examen impartial des textes [1]. »

En dehors de cette appréciation sévère, même dans la forme, dont on découvre sans peine la cause dans les faits politiques que relève cette notice, pour peu qu'on ait daigné les suivre attentivement, M. Pardessus reste soumis, quant à sa critique, à des principes d'urbanité, d'indulgence et d'impartialité, qui s'harmonisaient merveilleusement avec la modestie de son caractère.

LXVIII

En 1848, les membres de l'Académie, sans cesse assiégés de préoccupations pénibles, souvent appelés, comme tous les bons citoyens, à protéger par leur courage la patrie et la civilisation menacées de dangers imminents, ne suspendirent ni négligèrent un seul instant leurs travaux scientifiques, manifestant ainsi qu'ils n'estimaient rien au-dessus de cette communauté d'études, de leurs réciproques et amicales participations aux mêmes jouissances de l'intelligence.

Jamais même, dans le courant d'aucun semestre, l'impression d'un plus grand nombre d'ouvrages de

---

1. *Loi Salique*, 4e Dissertation, p. 469.

l'Académie n'avait été terminée¹. Nous avons vu, en effet, que les collections des Diplômes et des Ordonnances des rois de la troisième race étaient, à cette époque, sur le point d'être achevées.

C'est surtout à partir de cette période que la santé de M. Pardessus, déjà bien altérée puisqu'il avait dû se faire suppléer par M. Laboulaye, dans plusieurs travaux en 1846, 1847, inspira des craintes sérieuses. Mais son intelligence restait forte, sa volonté puissante, sa pensée nette et profonde, son esprit assez ferme pour qu'il pût diriger les recherches auxquelles sa faiblesse physique l'empêchait de se livrer personnellement. C'est entre les accès du mal qui devait l'emporter qu'il corrigea les épreuves du tome XXI des *Ordonnances* et de son *Essai sur l'organisation judiciaire*.

A peine venait-il de livrer ce dernier livre au public et à la critique par une édition spéciale en 1851, qu'il fit reprendre sous sa surveillance le *Supplément aux Ordonnances*, qui fut continué avec plus d'ardeur que jamais. La même année, ainsi que nous l'avons dit (LXIV), il présenta au gouvernement son dernier rapport sur la situation de l'École des Chartes, rapport qu'il terminait par un hommage suprême de bienveillante justice pour les élèves et les professeurs d'une institution à la réorganisation et à la prospérité de laquelle il avait contribué de tout son pouvoir.

En même temps, et comme s'il eût voulu relier les derniers jours de sa vieillesse aux belles années de ses espérances et de ses premiers succès, à ses débuts si brillants dans le professorat, il entreprit la

---

1. *Mémoires de l'Académie des Inscriptions et Belles-Lettres*, t. XVI, 1ʳᵉ part., p. 99, 1850.

révision de son *Cours de droit commercial* dont il voulait donner une sixième édition. A ses côtés, souvent à son chevet, religieusement soumis aux conseils de cette paternelle direction, à la lumière d'une intelligence qui survivait à l'anéantissement des forces physiques, travaillait un jeune homme, déjà connu par de remarquables études et de savantes publications, M. Eugène de Rozière, son petit-fils, qui avait pris une part active à plusieurs de ses travaux scientifiques, notamment aux recherches de textes destinés à la collection des lois maritimes et à la Loi Salique, et que M. Pardessus aurait voulu associer publiquement à ses dernières œuvres ; M. de Rozière, ardent à saisir et à fixer les dernières lueurs, les derniers éclairs de cette vie vacillante, et les recueillant pieusement comme le legs du savant qui s'éloigne et disparaît après avoir posé les derniers jalons de sa tâche.

Plusieurs élèves de l'École des Chartes, MM. Scheider, Teulet, Janin, de Montrond, lui avaient prêté également, dans les publications scientifiques dont l'Académie l'avait chargé, et lui continuaient pour le *Supplément aux Ordonnances* cette collaboration, utile au maître, précieuse pour eux-mêmes qui trouvaient dans leurs relations avec l'illustre vieillard des conseils, des encouragements, une direction des plus enviables. Enfin, aux dernières années, un docteur en droit, déjà professeur distingué à l'École des Chartes, M. Adolphe Tardif, s'était donné tout entier à l'œuvre dernière de M. Pardessus et partageait avec M. de Rozière la tâche si douce et si honorable de suppléer par leurs forces et leur dévouement aux défaillances du savant.

L'année 1852 et les premiers mois de l'année 1853 furent consacrés à l'édition du *Cours* ; la jurisprudence, la législation, avaient fourni de nouveaux documents et nécessitaient soit la suppression de développements désormais superflus, soit de sérieuses modifications à l'ensemble de l'ouvrage. Le livre était prêt ; l'impression en était commencée, et M. Pardessus en suivait la marche avec toute la charmante inquiétude du débutant et toute la sollicitude du vieillard pour l'œuvre de ses jeunes années perfectionnée par l'expérience de l'âge mûr.....

Helas ! un autre, M. de Rozière, en acceptant le legs de cette publication, devait l'achever, et M. Pardessus n'était pas destiné à en voir l'exécution !

LXIX

Le mal ne s'arrêtait pas dans sa marche destructive. Les forces de M. Pardessus étaient épuisées. Nous avons entendu redire la phase suprême de cette lutte de l'intelligence contre le dépérissement des organes, par des hommes qui en furent les témoins attristés.

Les éminentes qualités du vieillard brillaient encore de tout leur éclat ; pareil à ce Maximus dont parle le grand orateur romain, il restait d'une gravité tempérée par des manières toujours affables, et les années, avec le cortège d'infirmités qui les suit, n'avaient point altéré la sérénité de son caractère [1].

Le membre de l'Académie n'avait de pensée que pour la science et ses nobles travaux ; le royaliste s'éteignait, exhalant encore son culte pour la famille exilée ; l'homme privé révélait toujours son âme ten-

---

1. « *Erat in illo viro comitate condita gravitas, nec senectus mores mutaverat.* » (CICÉRON, *de la Vieillesse*, IV.)

dre et bienveillante, soutenue par les plus généreux sentiments : son dévouement à ses amis, aux travaux, à la position desquels il s'intéressait jusques dans ses plus vives souffrances ; son amour pour les siens et son affection toute particulière pour son petit-fils, M. Eugène de Rozière, à qui il léguait l'achèvement de l'œuvre au milieu de laquelle l'impitoyable mort devait arrêter son bras ; puis, et planant au-dessus de tous ces sentiments comme un phare sans limites, cette piété profonde dont nous avons saisi de si purs élans, et qui, l'ayant pris au berceau, sous le sourire ineffable de sa mère, après l'avoir guidé dans une vie longue et laborieuse, à travers mille tourments, mille douleurs, qu'elle lui avait donné la force de vaincre, l'accompagnait encore et le soutenait au bord de la tombe, pour recueillir sa dernière pensée, son dernier souffle, son aspiration suprême, et les porter aux pieds du seul Maître devant lequel M. Pardessus eût incliné son indépendance !

Un jour, il se fit relire les conseils que, dans sa jeunesse, il adressait aux étudiants dans ce magnifique discours où les plus hautes inspirations de la morale se trouvaient si étroitement unies au sentiment du droit [1]. Il leur disait, le 18 novembre 1820, à ces élèves qu'il avait tant aimés : « Conservez, activez, accroissez par
» de nouvelles méditations les principes religieux
» qui vous furent inculqués dès vos jeunes ans ! Ils
» vous offriront un abri dans les orages qui menacent
» votre adolescence ; ils vous donneront dans l'âge
» mûr cette force d'esprit, cette constance d'âme qui

---

1. *Thémis.* t. IV, p. 151, et *suprà*, XIII.

» font qu'on sacrifie tout au devoir ; ils ne laisseront
» point vos derniers jours sans consolations !

» Les doctrines religieuses et morales font les
» bons citoyens; le mépris ou l'oubli de tout ce qui
» peut porter les hommes vers le bien et ennoblir
» leurs destinées, amènent l'égoïsme et l'indifférence,
» redoutables précurseurs et signes infaillibles de la
» destruction des empires.

» C'est quand les Romains, corrompus par les
» sophistes, eurent abandonné les croyances de leurs
» ancêtres, qu'éclatèrent les fureurs de Marius et de
» Sylla. Ils n'eurent plus de patrie quand ils n'eurent
» plus de religion ! »

Puis, il revoyait la noble figure de d'Aguesseau, et, comme l'illustre chancelier, il se reportait sans cesse à ces vérités éternelles qui ne trompent point, que l'homme oublie trop souvent, hélas ! au milieu des agitations de la vie et sous l'empire des passions, mais qui reviennent, aux heures du danger et de l'épreuve, raffermir son âme et l'élever à la source du souverain bien, du suprême espoir : « C'est en Dieu qu'il place
» et qu'il montre la source des devoirs et le premier
» fondement de la justice ; la connaissance du juste
» et de l'injuste est son ouvrage immédiat ; c'est de
» Dieu, seul maître et seul souverain de tous les hom-
» mes, qu'est émanée cette loi éternelle, invariable,
» donnée à toutes les nations, en tout temps ! ¹ »

L'état de son âme avait fini par l'occuper entièrement. Ses succès, ses grands travaux, sa célébrité, n'étaient pas sans conserver quelque place dans ses derniers entretiens ; mais il les abandonnait sans re-

---

1. *OEuv. compl. de d'Aguesseau*, Disc. prélim. p. LIII. CICÉRON, *de la République*, liv. VI, chap. VIII.

grets, sans émotion, « tant il avait mis en lieu haut et inaccessible son cœur et ses espérances ! ¹ »

LXX

Longtemps éprouvé par les arrêts du ciel, ne les rappelant que pour se glorifier d'y avoir puisé ou réconforté sa croyance, il exprimait hautement sa gratitude des biens que Dieu lui avait dispensés ². Il n'avait point eu à souffrir des dures nécessités de la vie, si funestes à l'homme d'étude, et le monde l'avait amplement récompensé de ses travaux et de ses veilles.

Son âme était tranquille quand, à l'heure du départ, il ramenait sa pensée vers la route parcourue. Il

---

1. Bossuet, *Oraison funèbre de Michel Letellier*.
2. Comme nous l'avons indiqué, *suprà*, II, M. Pardessus, de son union si vite tranchée, eut deux enfants, un fils et une fille. Le fils mourut à 17 ans, d'une affection de poitrine négligée. La fille, née en 1799, a épousé, en 1816, M. de Rozière, ancien Garde-du-Corps, Maître des requêtes au conseil d'État, démissionnaire, comme son beau-père, en 1830, et mort en 1848. Madame de Rozière est encore existante. De son mariage sont nés deux enfants : — M. Eugène de Rozière, aujourd'hui inspecteur général des archives départementales, déjà professeur auxiliaire à l'École des Chartes aux dernières années de la vie de M. Pardessus, et dont nous avons bien des fois rencontré le nom en étudiant les travaux de son illustre aïeul ; il s'est fait connaître dans la science par des œuvres remarquables (*Formules inédites d'après un manuscrit de la Bibliothèque de Saint-Gall et des manuscrits des Bibliothèques de Munich et de Copenhague*, 1853, 1858, 1859 ; — *Notice sur un manuscrit du Grand Coutumier de France*, 1864 ; — *Mémoire sur l'histoire du droit des Lombards*; — *Table générale et méthodique des Mémoires de l'Académie des Inscriptions et Belles-Lettres*; etc., etc.) et a épousé la fille de M. Ch. Giraud, membre de l'Institut ; — un second fils, qui a été attaché à plusieurs ambassades et a quitté la diplomatie après son mariage.

n'avait point offensé son semblable; jamais sa main, qui avait écrit tant de volumes, n'avait tracé une ligne injuste, irritée, même contre un adversaire notoirement égaré; lui qui allait être jugé, il songeait avec calme qu'au temps où il jugeait autrui, sa critique était restée impartiale, indulgente ; on ne l'avait point vu s'abandonner à un dénigrement systématique, non plus qu'à une flatterie sans dignité ; l'indépendance, la justice, n'avaient cessé d'être sa loi et à ses yeux un principe sacré auquel les excitations de la polique où la contradiction parfois ardente de la science n'avaient jamais eu le pouvoir de le faire manquer.

La mission que le ciel lui avait confiée avait donc été sagement remplie. Sa jeunesse laborieuse l'avait conduit aux honneurs, aux dignités; sa vieillesse avait été consacrée, suivant le souhait du sage, à la noble culture des lettres et à la pratique des vertus[1].

Il s'éteignit ainsi que d'illustres travailleurs de ce siècle; comme M. Dupin, qui devait survivre quelques années encore à celui auquel il disputait, près d'un demi-siècle auparavant, le triomphe de l'enseignement; comme M. Daunou, son collègue à l'Académie, si dévoué à la réorganisation de l'École des Chartes; comme MM. Siméon, Rœderer, de Tracy, après une vie entièrement remplie, active et régulière, sans que ses facultés fussent amoindries par la souffrance, sa volonté affaiblie, son existence décolorée.

M. Pardessus est mort le 27 mai 1853[2].

Il a largement payé sa dette à la science; il a illustré l'enseignement du droit ; il a tenu une place ho-

---

1. « *Aptissima omnium sunt arma senectutis artes exercitationesque virtutum.* » (CICÉRON, *de la Vieillesse*, III.)

2. M. Pardessus a eu pour successeur à l'Académie M. de Rougé.

norable dans la magistrature et le barreau ; sa vie politique offre l'exemple du dévouement aux grands principes qui régissent l'ordre social et de l'inébranlable fidélité aux convictions.

S'il est vrai que les corps savants aient leurs ancêtres comme les familles[1], M. Pardessus restera l'une des figures les plus nobles, les plus vénérées, l'une des illustrations les plus pures de la compagnie célèbre à laquelle il appartenait.

Quant à l'homme privé, ceux qui liront attentivement sa vie, s'ils possèdent le sentiment de la véritable grandeur, diront de lui ce que Bossuet a dit de Michel Letellier : « Il a vécu aussi modeste que grand. »

---

1. MIGNET, *Portraits et notices historiques*, t. II, Cabanis.

TABLE DES MATIÈRES

Avant-propos. . . . .   Page   1

PREMIÈRE PARTIE

M. Pardessus avant sa retraite (1772-1830)

CHAPITRE PREMIER

VIE ET TRAVAUX DE M. PARDESSUS

Jeunesse de Jean-Marie Pardessus. — Situation faite à sa famille par la Révolution. Il devient défenseur officieux. Son mariage; son veuvage; ses enfants. — Ses succès au barreau. *Affaire Clément de Ris.* — Juge-suppléant au tribunal de Blois; adjoint, puis maire de Blois. — Il publie son *Traité des servitudes ou services fonciers.* — Membre du Corps législatif. — *Traité du contrat et des lettres de change.* — Il appelle l'attention du Corps législatif sur le *Corps de droit français* de Rondonneau, — Professeur de droit commercial à l'École de droit de Paris. — *Éléments de jurisprudence commerciale.* — Restauration; député de Loir-et-Cher. — *Cours de droit commercial.* — Membre de la commission chargée de préparer un *Code rural.* — *Œuvres complètes du chancelier d'Aguesseau.* — Troubles à l'École de droit; *affaire Bavoux.* —

Programme d'une collection de lois maritimes. — Réélu député. — Ouverture de son cours en 1820. — Chevalier de la Légion d'honneur. — Conseiller à la Cour de cassation; M. Pardessus magistrat. — Chargé de la *Collection des lois commerciales de l'Europe.* — Chevalier de l'ordre de Saint-Michel. — Officier de la Légion d'honneur; refuse le titre de comte. — Publie le premier volume de la *Collection de lois maritimes antérieures au* xviiie *siècle.* — Membre de l'Institut (*Académie des Inscriptions et Belles-Lettres*). — *Mémoire sur l'origine du droit coutumier en France et sur son état jusqu'au* xiiie *siècle* (*Académie*). — *Mémoire sur les Assises du royaume de Jérusalem* (*Académie*). — Evénements de 1830. Démission de M. Pardessus........................ Page 5

CHAPITRE II

VIE POLITIQUE DE M. PARDESSUS

Vie politique de M. Pardessus; son importance. = M. PARDESSUS SOUS LE GOUVERNEMENT IMPÉRIAL. Membre du Corps législatif; éliminé pour défaut d'âge. — Force et sincérité de ses opinions royalistes. *Adresse du collège électoral de Loir-et-Cher à l'Empereur.* Rentrée des Bourbons. — *Adresse de la Faculté de droit de Paris à l'Empereur après le 20 mars.* = M. PARDESSUS SOUS LA RESTAURATION. Député de Loir-et-Cher; session de 1815-1816. Projets de loi sur *les cris séditieux;* — *les cours prévôtales;* — *la suppression de tribunaux.* — Loi sur *l'amnistie;* M. Pardessus fait partie de la commission; sa profession de foi politique; éloges que lui décerne M. Pasquier. — Appréciation du rôle de M. Pardessus dans cette grave question; *Assertion étrange de M. Duvergier de Hauranne.* — Procès du général Travot. — Projet de loi sur *les élections;* M. Pardessus s'oppose au renouvellement par cinquièmes. — Sa situation à la Chambre dans cette première période. — Il est nommé commissaire de surveillance à la Caisse d'amortissement. — Élections de 1816; il n'est point réélu; remplacé à la Caisse d'amortissement par M. Roy. Candidat aux élections de la Seine. — Il est nommé chevalier de l'ordre de la Légion

TABLE DES MATIÈRES. 209

d'honneur. — Élu député par deux départements, il opte pour celui des Bouches-du-Rhône. — 1821-1822. Part active qu'il prend aux travaux de la Chambre. *Écoles protestantes;* — *législation sur le jury.* — Son opinion sur *la souveraineté du peuple.* — Son indépendance à l'égard des ministres. Son opinion sur *les lois d'exception;* — *les délits de presse;* — *la suppression des journaux après condamnation judiciaire;* — *la diffamation envers les corps constitués.* Rapporteur de la loi sur *la police sanitaire.* — Exclusion du député Manuel; M. Pardessus membre de la commission. — Chevalier de l'ordre de Saint-Michel. — Situation de la Chambre en 1824. Projets de loi sur *la réduction de la rente* et sur *la retraite des magistrats infirmes.* — Il se rend à Marseille. — Commission pour la codification des lois et règlements en vigueur en dehors de nos codes. — Officier de la Légion d'honneur. — Session de 1825. — *Indemnité des émigrés;* M. Pardessus rapporteur du projet. — Autres questions de cette session : — *Intérêt de l'argent;* — loi sur *la piraterie et la baraterie criminelle;* — *Écoles secondaires de médecine;* — *Indemnité des colons de Saint-Domingue.* — Commission sur *la propriété littéraire et artistique.* — Projet de loi sur *les substitutions;* — *Offenses envers les fonctionnaires.* — M. Pardessus vice-président de la Chambre. — *Code forestier.* — Réélu par le département des Bouches-du-Rhône. — Il appuie le principe de l'incompatibilité des fonctions rétribuées avec le mandat de député. — Projets de loi sur *la révision des listes électorales et du jury;* — *l'interprétation des lois après cassation;* — *la presse périodique,* etc. — Mise en accusation du ministère de Villèle. — État de la Chambre en 1828; proposition de M. Labbey de Pompières. — Session de 1829. La proposition précédente est reprise. Dévouement de M. Pardessus à M. de Villèle. Son entrevue avec le roi Charles X. — Adresse des 221. Dissolution de la Chambre. M. Pardessus est réélu; son élection est annulée. Chute de la dynastie. — Refus de serment; vains efforts de MM. Guizot et de Broglie. Démission de M. Pardessus de ses fonctions de conseiller et de professeur à l'École de droit. — *Sa retraite commence.* — Page. 49

SECONDE PARTIE

Retraite de M. Pardessus (1830-1853).

Retraite de M. Pardessus. — Utilité des études historiques et scientifiques au point de vue du droit. — Premiers travaux académiques de M. Pardessus. — Mission de l'Académie des Inscriptions et Belles-Lettres. Comment il la comprend. — *Mémoire sur l'importance de l'âge dans la législation romaine.* — *Mémoire sur le commerce de la soie avant le VIe siècle de l'ère chrétienne.* — *Sur le* GRAGAS *de M. Schlegel.* — *Lettre sur l'étude du droit commercial.* — M. Pardessus se consacre tout entier aux travaux de la science et de l'Académie. Il dément sa candidature à l'Académie des Sciences morales et politiques. — COLLECTION DE LOIS MARITIMES ANTERIEURES AU XVIIIe SIÈCLE : — 1° *Tableau historique du commerce antérieurement à la découverte de l'Amérique ;* — 2° *Us et coutumes de la mer ;* — 3° *Lois maritimes antérieures au* XVIIIe *siècle.* — Appréciation générale de la *Collection*. Recherches et démarches de M. Pardessus. — Sa reconnaissance publique de l'aide qu'il a reçue. — Autres travaux : — sur le *Code de commerce espagnol ;* — *De la propriété des mines, etc., etc. ;* — Études diverses dans le *Journal des Savants ;* — *Collection des arrêts en matière commerciale* et *Législation comparée sur le change* (non publiées). — LOI SALIQUE. — Président de l'Académie des Inscriptions et Belles-Lettres. — Réorganisation de l'École des Chartes ; rapporteur puis président de la commission ; président du conseil de perfectionnement ; son dernier rapport en 1851. — Travaux divers publiés dans la *Bibliothèque de l'École des Chartes.* — *Diplomata, chartæ, epistolæ, etc.* — *Table chronologique des diplômes, etc.* — *Ordonnances des rois de France de la troisième race.* — *Table chronologique des ordonnances.* — *Supplément aux ordonnances* (non publié). — *Essai sur l'organisation judiciaire jusqu'à Louis XII.* — Ce qu'a été la retraite de M. Pardessus. Sa réserve quant aux événements de l'époque. Paroles sévères sur M. de Montlosier. — Dernières années de la vie de M. Pardessus; altération de sa santé. — *Supplément aux ordonnances.* — 6ᵉ Édition de son *Cours de droit commercial.* — Aggravation de la maladie. Derniers entretiens. Profonde piété de M. Pardessus. — Mort de M. Pardessus. Page.. 129

LISTE GÉNÉRALE

DES TRAVAUX DE M. PARDESSUS [1]

                                        Nos de la notice.

1806. — Traité des servitudes ou services fonciers.... 5
1809. — Traité du contrat et des lettres de change..... 6
1811. — Éléments de jurisprudence commerciale...... 8
1813-1816. — Cours de droit commercial.......... 9
1818-1832. — Étude sur le droit commercial........ 55
1819. — OEuvres complètes du chancelier d'Aguesseau.. 11
1820. — Programme d'une collection des lois maritimes. 13
— — Discours sur l'origine et les progrès de la législation et de la jurisprudence commerciales. 13,69
1824 (non publié). — Codification des lois et règlements en vigueur............................ 39
1828-1845. — Collection de lois maritimes antérieures au xviiie siècle..................... 16,58
1829. — Mémoire sur l'origine du droit coutumier de

---

1. Nous avons spécifié par le mot *Académie* les travaux que M. Pardessus lut à l'Académie des Inscriptions et Belles-Lettres et ceux que cette Compagnie le chargea d'éditer. Les autres travaux ont été publiés soit isolément, soit dans des revues (*Journal des Savants, Bibliothèque de l'École des Chartes, Thémis,* etc.), que nous avons pris soin d'indiquer en rendant compte de ces œuvres.

Nos de la notice.

 France et sur son état jusqu'au XIII° siècle (*Académie*) 18

1829 — Mémoire sur un monument de l'ancien droit coutumier de la France connu sous le nom d'*Assises de Jérusalem* (*Académie*).............. 19

— Lettre sur une dissertation de M. Taillandier relative aux *Assises de Jérusalem*.......... 19, 62

— Rapport sur la réorganisation de l'École des Chartes (*Académie*)..................... 64

1831. — Mémoire sur les différents rapports dans lesquels l'âge était considéré dans la législation romaine (*Académie*)....................... 53

— — Sur le *Grâgâs*, ancien Code islandais, publié par M. Schlegel........................... 55

1832. — Mémoire sur le commerce de la soie chez les anciens, antérieurement au VI° siècle de l'ère chrétienne (*Académie*).................... 54

1833. — Sur le Code de commerce espagnol........... 62

1834. — Tableau du commerce antérieurement à la découverte de l'Amérique.................... 58

1835. — Rapport sur la continuation des Chartes, Diplômes, etc. (*Académie*).................. 52

1836. — De la propriété des mines et des charges inhérentes à leur concession.................... 62

1838. — Rapport sur une nouvelle publication des *Assises* (*Académie*) 52

1839. — Mémoire sur la distinction qu'on peut faire dans les textes de la Loi Salique (*Académie*)...... 63

— — Notice sur une loi inédite de Sigismond (*Enfants exposés*)............................ 62

1839-1840 — Formule inédite, *Titres perdus*........... 64

1840. — Compte rendu de l'*Histoire du droit romain au moyen-âge*, de M. de Savigny............... 62

— — Fragment d'un commentaire inédit de la Loi Salique................................. 62

DES TRAVAUX DE M. PARDESSUS.

Nos de la notice.

1840 (*non publié*). — Jurisprudence commerciale....... 62

— (*non publié*). — Législation comparée du change... 62

1840-1844 — Compte rendu des *Olim* de M. Beugnot... 62

— — Juridictions privées ou patrimoniales sous les deux premières races.................... 64

— — De la formule *Cum stipulatione subnexa* qui se trouve dans un grand nombre de Chartes.... 64

1842. — Rapport sur la continuation de la collection des Chartes (*Académie*)..................... 65

— — Compte rendu de la *Collection des lois civiles et criminelles des États modernes*, de M. Victor Foucher.............................. 62

— — Compte rendu du *tome XX des Ordonnances*, de M. de Pastoret....................... 62

1842-1843. — Notices sur les manuscrits de formules relatives au droit observé dans l'empire des Francs, suivies de quatorze formules inédites....... 64

1843. — Loi Salique, ou recueil contenant les anciennes rédactions de cette loi et le texte connu sous le nom de *Lex emendata*, avec des notes et des dissertations 63

1843-1849. — *Diplomata, chartæ, epistolæ, leges aliaque instrumenta ad res gallo-francicas spectantia* (*Académie*)........................... 65

1836-1846-1850. — Table chronologique des diplômes, chartes, titres et actes imprimés, concernant l'histoire de France. t. IV, V, VI (*Académie*). 65

— — Compte rendu du *Glossarium de Du Cange*, publié par M. Henschel..................... 62

— — Us et coutumes de la mer.................. 59

— — Table chronologique des ordonnances des rois de France de la troisième race (*Académie*)... 65

1847-1848 — De la juridiction exercée par la cour féodale du roi sur les grands vassaux de la couronne, pendant les xie, xiie et xiiie siècle (*Académie*) 64,66

                                                    Nos de la notice.
1849. — Ordonnances des rois de France de la troisième race
         t. XXI (*Académie*)...................... 65
1846-1851. — Essai historique sur l'organisation judiciaire
         et l'administration de la justice, depuis Hugues
         Capet jusqu'à Louis XII (*Académie*)........ 66
1847-1852. (*non publié*) — Supplément aux ordonnances
         de la troisième race (*Académie*).......... 65,68
1852-1853. — Cours de droit commercial, 6ᵉ édition, ache-
         vée par M. Eugène de Rozière............. 68

Limoges. — Mᵐᵉ Vᵉ H. DUCOURTIEUX, Imprimeur de la Cour.

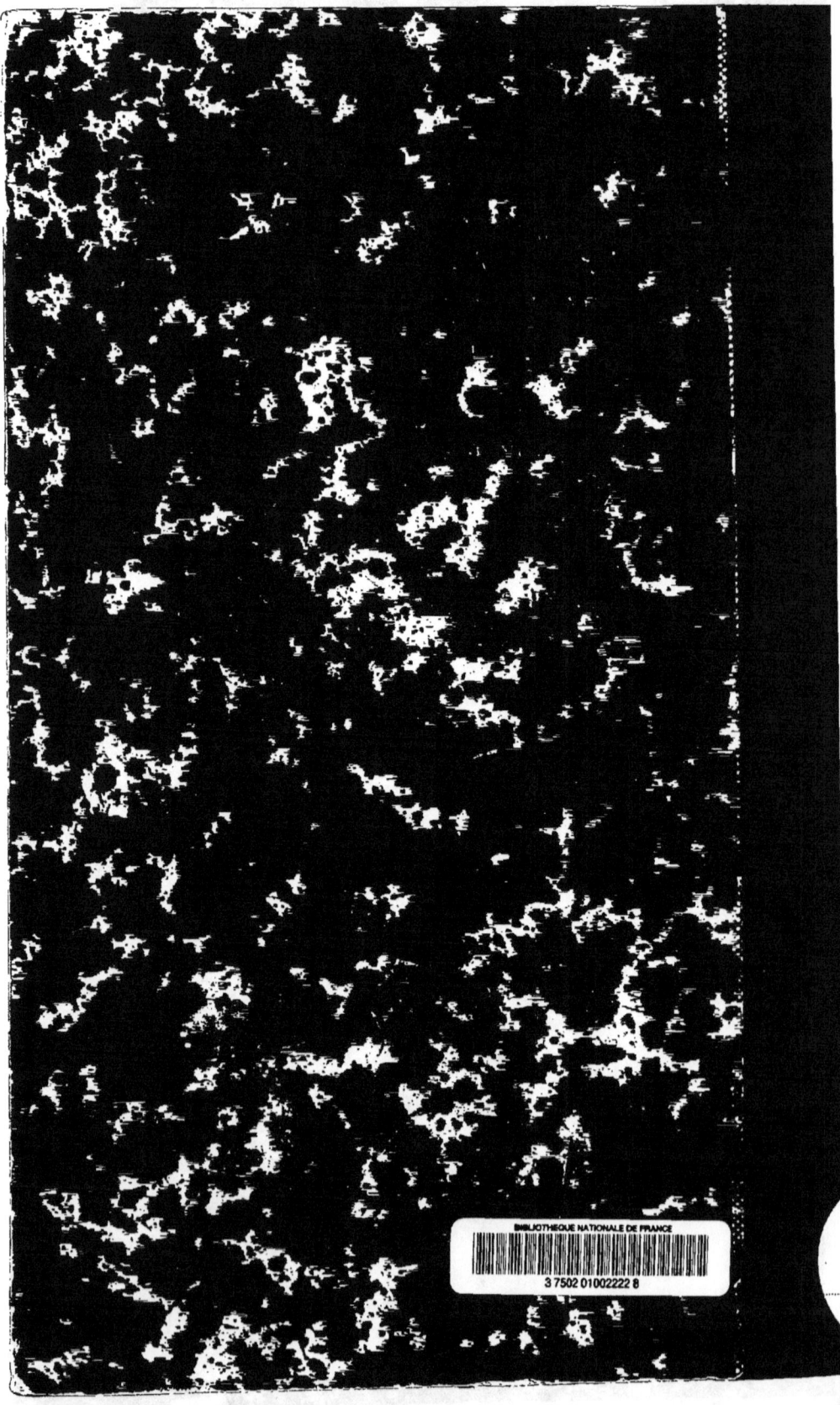

www.ingramcontent.com/pod-product-compliance
Lightning Source LLC
Chambersburg PA
CBHW051858160426
43198CB00012B/1661